U1018050

跨度传记文库

郭云宗传

曹伟◎著

中国文史出版社

序　　言

郭云宗（1363—1445），汉族，安徽凤阳人。公元 1376 年北平从军；公元 1378 年出征山东；公元 1381 年参加平云南之役；公元 1388 年参加捕鱼儿海之战；公元 1390 年开基落业贵州城；公元 1393 年捐资投劳修筑威清卫城；公元 1445 年仙逝，享年八十二岁。

清代学者王永彬在《围炉夜话》中写道："百善孝为先，万恶淫为首。"孝，是善之首，是一个人立功、立德、立言的基石。五千年中华文明，仁、义、礼、智、信，温、良、恭、俭、让，皆为孝之衍生。

2015 年正月初五，云南宗亲赴清镇祭祖后，在热心宗亲的积极倡议下，在毕节宗亲郭琼刚的带领下，黔滇两省后裔踊跃参加，为入黔始祖郭云宗修坟树碑、编写个人传记、坟墓申报文物。通过广大宗亲历时三年的努力，坟墓修缮工作圆满完成，《郭云宗传》终于收笔，郭云宗墓作为历史名人墓于 2018 年 12 月获清镇市人民政府批准。

编写《郭云宗传》的初衷：一是作为坟墓申报文物的材料支

撑；二是收集整理家族史料，供后人传承研讨，便于家族历史文化的补充和完善。

《郭云宗传》由一篇序言和四个章节及两个附录构成。值得一提的是，附录一从历史和现实的角度，用大量丰富的史实公正评价了郭兴（亦名子兴）在大明王朝建立和统一过程中的历史作用；同时客观地评述了郭云宗在消灭元朝残余势力，开基落业贵州城后，对贵州社会、经济和文化所带来的影响。还有附录二，收集了大量的家族史料，从尊重历史的角度出发，罗列了一些郭云宗文化研究课题，供后裔传承与研讨，具有一定的学术研究价值。

《易经》上讲："积善之家，必有余庆。"回望六百多年来，郭云宗一脉在黔滇大地上开枝散叶，生生不息，绵绵瓜瓞，人才辈出，发展壮大，形成今天有汉族、苗族、彝族、仡佬族、黎族、水族、布依族和穿青人等八个族群的共同体，近八十余万人口的郭氏旺族，正是牢记祖训、乐善好施、积德行善的结果。一个行善的家族，必定有余福，余福荫庇人丁兴旺，子嗣延绵。

"以铜为镜，可以正衣冠；以人为镜，可以明得失；以史为镜，可以知兴替。"《郭云宗传》既是一部家族创业史，更是一部社会发展史。传记问世，必将增强家族的凝聚力，提升家族的向心力，培育家族的生命力。对追根溯源永记先祖、饮水思源感恩先祖、薪火相传光大先祖，传承和弘扬家族文化，传播根祖文明，让后辈铭记先祖筚路蓝缕、备尝艰辛的丰功伟绩，追仰先人的精神风采，激励后世子孙的奋斗有十分深远的教育意义。

参天大树，必有其根；怀山之水，必有其源。我们无论身在何处，无论从事什么职业，无论职位高低，都是郭氏的传人，都流淌着一样的血，都有一个共同的祖宗，都在各自不同的岗位上默默传播着家国文化。继往为了开来，忆旧为了图新。愿我们郭氏一脉在习近平新时代中国特色社会主义思想的指引下，在“注重家庭、注重家教、注重家风”时代精神的鼓舞下，披肝沥胆，精诚团结，为实现中华民族伟大复兴的中国梦不懈努力，贡献力量。

纸短情长，寥寥数语，寄后裔开卷有益。

郭云宗坟墓修缮及文物申报工作小组

2019 年季春

目　录

第 一 章

出生将门　祖源汾阳

第一节　巩昌侯、陕国公郭兴

元朝末年，政局动荡，天灾连连，黎民百姓饥寒交迫，食不果腹，元廷政权江河日下，风雨飘摇。而在元廷内，帝位之争和统治腐败也在不断地加速着统治的衰落。

自元武宗（1308—1311）以后，政治日渐腐朽，从武宗至大元年（1308 年）至顺帝元统元年（1333 年）仅仅二十五年的时间，竟然换了八个皇帝！蒙古贵族之间由于争夺帝位，长期相互倾轧，往往演变成内战。如元英宗时的“南坡之变”，元文宗时的“天历之变”等。长此以往，朝廷的军政大权便落到了手握兵权的蒙古大臣之手，皇帝的权力逐渐被架空。

与此同时，政府卖官鬻爵，官员贿赂成风。至元顺帝时，腐败达到极点，蒙古贵族和喇嘛僧跋扈，官吏贪污，地主豪强专横，种种现象与日俱增。以元顺帝为首的蒙古皇室，也是“丑声秽行，著闻于外”，元朝的统治已经走上了崩溃的道路。

泰定二年（1325 年），河南息州赵丑厮、郭菩萨二人打着“弥勒佛当有天下”的口号揭竿而起，从此，正式拉开了元末农民起义的序幕。

至元三年（1337 年），广东朱光卿、聂秀卿起义，称“定光佛出世”。同年，河南棒胡起义，棒胡烧香聚众，起义者“举弥勒小旗”。

至元四年（1338 年），彭和尚、周子旺在袁州起义，起义农民五千余人，背心皆书“佛”字。

到了至正初，小规模起义、暴动已遍及全国，仅京南一带的起义即达三百余起。其中，爆发于至正十一年（1351 年）的红巾军起义是元末规模最大、涉众最广、持续时间最长的一场农民起义。起义军主要分为两支，一支是颍州的韩山童、刘福通；一支是起于蕲、黄的徐寿辉和彭莹玉，数月之间，各地纷纷响应。

次年正月十一日，定远土豪郭子兴联合孙德崖等人起兵，数万百姓起而响应。他大胆任用初出茅庐的朱元璋为将，于至正十二年（1352 年）二月二十七日，集结数千人攻占濠州，据守一方，逐渐坐大。

至正十三年（1353 年），濠州城内因诸将争权，内部矛盾越发激化，朱元璋决定自立门户，开创抗元新局面。为重振队伍，他返回家乡钟离村募兵，少时的玩伴及同乡纷纷赶来投奔。在征兵回城的途中，朱元璋偶遇相面先生郭山甫，说明来意之后，郭山甫当即表示愿意让两个儿子郭兴与郭英加入朱元璋的队伍，跟随他南征北战。

郭山甫唤来两个儿子，神情严肃道：“你二人原有富贵之相，只恨时机不到，未逢贵人，如今贵人就在眼前。此人绝非池中之物，你们跟着他走，有朝一日，必能飞黄腾达，光宗耀祖。”

两兄弟默然。

他们固然相信父亲的眼光，然而看着面前这位其貌不扬的莽汉，他们心中仍觉忐忑。父亲逐渐年老，家中只余妇小，从军之路有着太多的不确定与意外。如今正值乱世，人命贱如蝼蚁，如果只是随郭子兴元帅据守滁阳以抗元兵倒也罢了，要四处征战，一去千里，生死难料，这风险的确太大了些。

郭兴陷入深深的沉思之中，还未回过神来，忽然发觉有谁在轻轻扯动自己的衣角，一转眼，只见弟弟郭英正暗暗地递眼色给他，脸上写满不情不愿，像是在恳求他速将二人心事告知父亲。

郭兴回了一个眼神给弟弟，示意他安下心来听从父亲的安排，然后长吸一口气，定了定心神，对着郭山甫长行一礼，道："儿子谨遵父亲嘱托，定然不负您的期望。"

一言毕，便拉着郭英回屋收拾东西，当日辞别父母家人，往濠州城的方向去了。

"二哥，你为何要拦我？你明知道……"去往濠州城的路上，郭英不住地埋怨郭兴道。在他心中，自然是敬重哥哥的，可是因为突如其来的一个同乡，就要舍弃家人，远赴战场，且前途未知，对年仅十八岁的郭英而言，的确有些残忍。

"我相信父亲的眼光。"面对弟弟的询问，郭兴只是淡淡地回了一句。

"此话怎讲？"躁动已过，郭英渐渐冷静下来。

"父亲相术之高，远近闻名，你不是不知。他这么做，自有他的道理。如今鞑子气数已尽，乱世之中，群雄逐鹿，征战四起，你我正当盛年，既有贵人相助，何不顺应天意，与他成就一番宏图霸业，也让我郭氏满门荣光？"说完，郭兴看了郭英一眼，戏谑道："难不成，你愿意守着那小小的钟离村过一辈子？"

"哼！大丈夫生当报国，战死沙场亦不足惜，我郭英又岂是懦弱之人？大哥莫轻看了我！"郭英的男儿血性被郭兴一番话激将出来，说话这空隙，脸色已然涨得通红。

"那就是咯。"郭兴见自己的话起了效果，满意地点了点头。

"只是……"郭英迟疑道。

"只是什么？"

"父亲年事已高，母亲身体不好，三哥淡名利，宁莲她……"郭英忧思重重。

"自古忠孝不能两全。三弟并非无能之人，只是性子寡淡，向来对名利之事看得轻薄。至于宁莲，想来父亲早有安排……"见弟弟的眉头终于舒展开来，郭兴放下心来，软言安抚道："家中之事，你尽可放心。只是从今往后，你我二人免不了辗转奔波之苦，我怕你受不住。"

"二哥，你真是虚长我几岁！自小到大，你几时见我郭英怕过苦?!"郭英忍不住笑道。

疑问散去，漫长的征战之路就这样开始了。恐怕连郭兴自己也没有料到，他会跟随朱元璋一路打下去，建功立业，改朝换代，并与弟弟郭英一起，成为大明开国历史上战功卓绝的"淮西二十四将"中的二人。

至正十五年（1355 年）夏，为打破元军围攻，朱元璋发动了采石渡江战役，郭兴等一众将领追随朱元璋，以千艘战船，自和州东渡，抢登采石，打得元兵溃不成军。夺取采石后，朱元璋立即挥师南下，直捣太平，粉碎了元军的水陆两路进攻。至正十六年（1356 年），集庆（今南京）不攻自破，郭兴因军功被授予管军总管，次年，升统军元帅。

当捷报传至濠州时，郭山甫正与乡邻落座小憩，得知此信，微笑不语。他心中明白，这样的军功荣耀，对于他们郭家而言，只是一个小小的开始……

而彼时，远在常州作战的郭兴，已经连续七月未卸甲了，沉重的甲衣压得他全身骨头酸痛，然而战事吃紧，军情燃眉，分秒不容懈怠，为了让自己始终保持警醒状态，避免任何军情上的延误，即便夜里休息，他也是和甲衣而睡，枕刀戈而眠。这一番举动，赢得了军中上下一片叫好，朱元璋感其忠心，在攻下常州之后，对郭兴进行大赏。

常州战役结束后，郭兴随大军辗转宣城、江阴、宜兴、婺州、安庆、衢州等地作战，所到之地，皆攻无不克，战无不胜，朱家军战力之强，举国震惊，直到大战陈友谅于鄱阳湖一役。

起初，敌方利用地形之便，将数艘巨舰以绳索相连，严防死守，时隔多日难以攻克。眼见粮草告急，兵将损失惨重，军中日渐人心惶惶。郭兴见状，思虑再三之后，上报朱元璋用火攻，再趁陈军大乱，一箭击毙陈友谅，擒贼先擒王，必能一招制胜。朱元璋大喜，采用了郭兴的计策，果然，朱军大胜。

战争一直在继续着，郭兴身上的伤疤也越来越多。他引以为傲，总喜私下对人说起，他说男儿生当报国，虽然此时国已非国，然而总会有胜利的那一天。他很享受这种战无不胜的感觉，官职也随着军功的积累越升越高，从鹰扬卫指挥使到镇国将军、大都督府佥事，终于，迎来了朱元璋称帝的那一年。

公元1368年，朱元璋在应天府（今南京）称帝，国号大明，年号洪武。

大明初定，四海未平。

于是，郭兴又随徐达，取中原，克汴梁，守御河南。冯胜攻取陕州时遇阻，请求增兵潼关，而郭兴成了徐达心中的首要人选。郭兴入陕之后，攻占奉元，后移镇巩昌，从此边境安然。

公元1370年（洪武三年）冬，朱元璋大封功臣，郭兴被封为巩昌侯，食禄一千五百石，予世袭之权。

这一年，他四十岁。

圣旨下来的时候，郭兴有些木然，谢恩之后，他颤抖着双手接过圣旨，踌跚起身，慢慢地朝父亲郭山甫的灵位前走去，香火缭绕中，两行老泪从眼角滑落……

“爹，您看到了吗？郭氏一门，终于有人封侯晋爵了啊，一切如您所料，儿子没有辜负您的期望。爹，爹，是孩儿不孝啊……”

悲恸的情绪牵动了身上的旧伤，全身隐隐作痛，郭兴已经不记得，这些要命的旧疾究竟是哪次战役留下的杰作了，他只是有点累，四十岁的他，好像活得越来越疲惫。

仗还是要打的。

洪武四年（1371年），伐蜀；洪武六年（1373年），随徐达镇守北平；洪武十一年（1378年），练兵临清。

每一次的出征、杀敌、受伤，都意味着他离死亡更近了一步。而恰恰，他从来不惧怕死亡。只是多少丰功伟绩，好像都在时间的流逝之中，逐渐丢失了它本来的样子。唯有身上的伤疤还在，父亲的嘱咐还在……

洪武十七年（1384 年），带着郭氏家族的荣耀，郭兴积劳成疾，因病去世，享年五十四岁，一代战将从此远离人间。

英魂留千古，忠勇不可量。

郭兴死后，被朝廷追封为陕国公，谥号宣武，功垂千古，其人其德，传于后世，人人敬仰，即使过了数百年，仍有子孙墓前凭吊。

第二节　都指挥史郭德成

“淮西二十四将”中没有郭德成的名字。

作为郭山甫的第三个儿子，郭德成的存在感有点弱。二哥郭兴与四弟郭英，跟随明太祖朱元璋四处征战，历时多年，终于拜将封侯。妹妹郭宁莲嫁入宫中，被封为宁妃，富贵荣华，更是享用无穷。

而郭德成，官位仅仅做到骁骑舍人就没有再往上升了。

所有人都认为，郭德成淡泊名利，无意建功立业。其实不然，他也曾随着朱元璋的军队征战四方，参加过的大小战役不下百回，战功虽不及兴英二人，却也是智勇双全的一员猛将。

可是，渐渐地，他的心思发生了微妙的变化，他开始有意无意地同二位兄弟聊起生死的问题。

“二哥，你告诉我，杀的人多了，晚上会不会睡得不踏实?”郭德成提起一壶酒，为兴英二人又攻下一城而庆贺。

“没有流血伤亡，哪来的百姓安居?”郭兴说出这句，又觉得似乎不妥，立刻更正道：“我们只管打天下，哪里管得了这些。战争，总是要死人的。”郭兴将杯中酒一饮而尽，落寞地望了窗外一眼，仿佛想起了家中的妻儿老父。

“二哥说得不对，我们打仗就是为赶走鞑子，减少伤亡，让百姓过上好日子啊！”年少的老四郭英还不待三哥德成说话，便抢先答道。

“那你说说，怎样在打仗的过程中避免伤亡？若是伤亡太甚，即便胜了，也是有国无家，这对百姓而言，算不得什么好事。”郭德成有些醉意，眯起眼睛，饶有兴趣地询问四弟道。

“照三哥这样畏畏缩缩的，咱这仗还怎么打？”郭英憋红了脸，不服气道。

“当然，仗，还是要打的。我只是……不愿再多伤人命了。”郭德成说完这句话，兴英二人都沉默了。

对郭兴而言，家族的荣耀、老父的期许永远是排在首位的，为此，他可以不顾一切，只要能在有生之年建功立业，光耀门楣，便是对父亲和郭家列祖列宗最好的交代，作为家中年纪最长的儿子，这是他理所应当的责任。而对年轻的郭英而言，成为一名大将军，保家卫国，跟随朱元璋平定天下，才更像是一个盛年男儿应该做的事，他对战争充满了兴趣，眼里心中尽是攻城略地、冲锋陷阵和兵法布阵这些事，他还不太明白，战争会对普通老百姓造成怎样的影响。

但郭德成不一样，他从小文韬武略，饱读诗书，自上战场之后，更加明白了何为“兴，百姓苦。亡，百姓苦”这句话的真正含义，所以，当斗志昂扬的郭德成从战场归来，双手沾满鲜血之时，他时常会夜半惊醒，被那些因战乱而四散逃亡、无家可归的百姓的哭声惊醒，时日一长，竟渐渐地在这刀光剑雨中悟出了生死之道，更确切地说，是生存之道。

或许从这一刻开始，德成便注定要与他们二人分道扬镳了。也是从这一刻起，战场上少了一员奋勇杀敌的大将，人间却多了一位狷狂的酒客。他将一腔报国热情化作独善其身的无奈，在天地之间放纵着自己，饶是心怀天下，也再无用武之地。

从此，他不好功名，只好酒。

清醒的时候，耳边不时传来父亲的絮叨之声，什么家国什么荣辱，仿佛所有的儿孙都应该先国后家，置孝道于一旁也无妨。

唯有喝醉了，他才能直面自己的内心：管他什么家国天下，人这一世啊，活得最像自己才重要。

于是，当朱元璋想借宁妃的关系对郭德成大加提拔时，他拒绝了。他的内心，并不喜欢这位皇帝，他弑杀成性，早年便有征兆，若是常伴他左右，有朝一日，定会生出大变来。

看着朱元璋一脸不悦的样子，郭德成诚惶诚恐："皇上厚爱，微臣铭感五内，只是臣向来嗜酒如命，恐因酒贪杯，误了政事，此等重禄高位，实在受之不起。还望皇上收回成命，三思而行哪!"

朱元璋见他无意朝政，也不再勉强，反而赐酒百罂，赏金无数，越发宠信他了。

这种宠信，让郭德成有些难安，只是他无法拒绝朱元璋的好意，就像无法拒绝御赐的佳酿一般。他一边痛饮着皇帝赏的酒，一边暗暗等待着彻底逃离这御赐"尊荣"的一天。

终于，机会来了。

一日，朱元璋召郭德成于皇宫后苑饮酒，德成心情大好，与太祖推杯换盏，没过多久，已然醉意朦胧。

眼见时间不早，郭德成着急回家，踉踉跄跄地走到朱元璋面前，低头辞谢。

朱元璋见他醉态十足、衣冠不整的样子，忍不住笑道：“看你头发散乱，语无伦次，还真是个醉鬼疯汉！”

郭德成眯着眼睛，缓缓抬头，脱口便道：“皇上，我也恨这散乱的头发，若能剃了，倒也自在！”

朱元璋眉头微蹙，默然不语。

举国上下都知道，明太祖朱元璋平生最忌讳别人提到“和尚”“光头”这些字眼，与他年少时在皇觉寺当和尚的经历不无相关。

如今郭德成酒后失态，导致龙颜不悦，再怎样解释怕都无力回天了，连随侍在旁的太监都等着看接下来的笑话。

而郭德成又是何等机敏之人，待他意识到大错已铸，只能将错就错，在家中装疯卖傻起来，剃了头发，穿上僧衣，口中诵佛不已。

朱元璋无奈，对宁妃说道：“我原以为你哥哥是戏言，没想到他当真是那么想……”

福兮祸所伏，祸兮福所倚。谁又能说，这是巧合还是有意呢？

郭德成借此一事，正式远离了大明官场，也因此，他才能在多年后的胡惟庸一案中，全身而退，逃过一劫。

当郭家一门忠烈含冤受辱，避难异乡，四海漂泊之时，没有人提及郭德成的下落，不知他是在云游四方还是在参禅悟道，总之，他就这样消失在人间的视线、历史的长河里，只留了两段癫狂的碎片任由后人评说。

不得不说，郭德成有着自己独特的处世哲学，他能屈能伸，俯仰自得，不好权贵，只遵从于自己的真心。皇权强大，他唯有暂时屈从，天地之广，他也是去留无意。这样的心胸气魄，岂可定性为“平庸”呢？恐怕，在郭云宗晚年，想起年少时曾听父亲和四叔讲起的三叔郭德成的事迹时，才会真正明白生于官宦之家的无奈和敢于冲破现世的牢笼，去努力争取内心自由的勇气是多么可贵的一件事啊。

第三节　武定侯、营国公郭英

十八岁那年，郭英离开了家乡孤庄，同二哥郭兴一起，追随朱元璋的大军开启了南征北战的军人生涯。

这一去，便是数十载。

起初，他有点不情不愿，直到行军路上听到哥哥的一番肺腑之言。二哥的话一向很少，那次却出乎意料的健谈，他一说到上阵杀敌，为国尽忠，眸子都是雪亮的。

十八岁的郭英并不明白，这些虚无缥缈的东西对郭家有什么大用，他也不愿去弄明白，可是他喜欢打仗。

早在两年前，他就跟着二哥一起，参加过滁阳王郭子兴的红巾军起义，正是斗志昂扬的年纪，初来乍到的郭英对军营里的一切都充满着好奇，他不怕吃苦不怕累，永远冲在最前面，在那些老兵眼里，单纯得像个傻子。

任凭别人如何指指点点，他从来不在乎，精力充沛，进步神速，好似天生拥有将相之才。

郭英的优点，朱元璋都看在眼里。没多久，便对他委以重任，连夜里睡觉都要郭英值守帐中，方能安心睡去，还亲切地称他为“郭四”。在征战武昌的途中，有敌方突袭朱元璋的军帐，他睡梦中惊醒，大呼郭四杀敌，还亲自为郭英披上战袍。

一路上，郭英随大军相继攻克滁州、和州、采石、太平，越战越勇，攻城掠地，上阵杀敌，丝毫不逊于二哥郭兴。接着，他随军攻打岳州，大败敌方援兵，攻克庐州、襄阳之后，被授予骁骑卫千户。再攻下淮安、濠州、安丰之后，升为指挥佥事。

濠州城离家近在咫尺，郭英却因军情紧急而未能回乡看望家人，而是将军前重任揽了下来，让哥哥郭兴速回老家与父亲及家人一聚。郭英此举，让哥哥郭兴感慨不已：“老四，果然懂事了啊。”

其实郭英没有变，他只是喜欢打仗而已。

他跟着徐达平定中原，又转常遇春麾下攻太原，走扩廓，下兴州、大同，至沙净州渡河。取西安、凤翔、巩昌、庆阳，千里追击驾宗哲并败其于乱山之上，功勋显著，官位升至本卫指挥副使。随后，攻定西，讨伐察罕脑儿，克登宁州，斩敌方首级二千级，官至河南都指挥使。

不知不觉，大明王朝已经建立八年了，郭英仍然在战场漂泊着，他不求家门荣耀、祖上荣光，不像二哥郭兴那样身负使命，也不像三哥德成那般闲云野鹤，无论经历多少场战斗，他似乎永远精力旺盛，状态十足。

洪武九年（1376 年），郭英奉旨镇守北平，任北平指挥使，一去四年。在他所管辖的范围之内，民风淳朴，长治久安，无人不颂。

洪武十三年（1380 年），郭英重回南京城，被擢升为前军都督府佥事。

次年，带领郭云宗随颍川侯傅友德远征云南，与陈桓、胡海分道进攻赤水河路。而渡河时恰好遇见天降大雨，河水暴涨，几位将军面面相觑，不知如何是好。正在苦恼时，只见郭英独自斩木作筏，意欲乘船渡河，于是兵将纷纷效仿，最终赶在破晓之前到达敌营，杀得敌方溃不成军，并擒得乌撒敌将并阿容等人。郭英等人不敢懈怠，乘势攻克曲靖、陆凉、越州、关索岭、椅子寨，后又逼降大理、金齿、广南，平定各个山寨。

洪武十六年（1383 年），郭英又随傅友德平定蒙化、邓川，济金沙，取北胜、丽江，前后斩敌方首级一万三千余级，生擒二千余人，收精甲数万，船千余艘。次年（1384 年），因平定云南有功，郭英被明太祖朱元璋封为武定侯，食禄二千五百石，并授予世袭权。

这一年，郭兴病逝。

这一年，郭英封侯。

父亲郭山甫没有等到的这一天，二哥郭兴等到了，他总算能在临死之前，看到郭氏门人，再次列侯。

郭英的心情很复杂，家人看得比性命还重要的东西，在他那里，好像稀松平常。在他那里，行军打仗犹如家常便饭，缺不得，却也宝贝不得。他熟读兵书史书，忠心为主，做事有自己的一套原则，也从来不过于看重什么东西。

所以太祖皇帝喜欢他，甚至惯着他。即便他晚年犯错，依然由着他，不去说，也不去罚。除了妹妹宁妃的这层关系，更重要的，是朱元璋真的看重他，这份宠渥，满朝文武，功臣无数，竟都望尘莫及。

在经过辽东地区的几次战役后，郭英的体力渐渐不支了。

洪武三十一年（1398 年），明太祖朱元璋驾崩，时年二十一岁的皇太孙朱允炆继位为帝。这一年，朝廷的形势很糟糕，文官受到重用，而善兵伐谋者屈指可数。朱允炆听从黄子澄、齐泰等儒官的建议，采取削藩政策，此举进一步激化了诸藩王与朝廷之间的矛盾。终于，实力最强的燕王朱棣于建文元年（1399 年）八月打着“清君侧”的旗号起兵“靖难”，史称“靖难之役”。

靖难之役整整持续了三年之久，郭英跟随耿炳文、李景隆奉旨伐燕，却无功而返。在外人看来，这场仗好像败得莫名其妙，耿李军人数是燕军的三倍，却仍然无法扭转战局。只有郭英心里明白，主帅无能，指挥不当，加上兵力孱弱、内部松懈等一系列的问题，导致军心涣散，大势已去，根本无法与朱棣训练有素、领导有方的燕军相抗衡。

以他一人之勇，终难敌万马千军。

虽然，在白沟河大战中，他也曾离成功很近，很近……

白沟河大战伊始，李景隆会合平安、郭英等将，集齐六十万大军对阵北军（燕王军队称北军，朱允炆军队称南军）。两军刚一接触，大将平安便率先冲锋，打了北军一个措手不及，敌兵瞬间瓦解，四处溃散而逃。郭英命手下在北军逃跑的路上布满了炸药，敌军一溃千里，朱棣亲率三骑断后，浴血奋战到半夜。次日两军复战，平安、瞿能率大军冲击北军后翼，其后翼崩溃，随后，李景隆诱朱棣攻南军左翼，然后由后方包抄北军，朱棣被困，弓箭用尽，其子朱高煦赶来救援也被围困军中，眼见着就要全军覆灭之时，忽然间，天地变色，狂风四起，风力之强，世所罕见，竟然吹折了李景隆的帅旗！六十万南军被吹得晕头转向，朱棣抓住机会，纵火反击，将南军击败。

白沟河一役，死伤惨重。郭英亲历了这场战争，六十高龄的他眼见着十数万人兵败被杀，血色漫漫，几乎遮住了双眼。燕王朱棣有如神助，每到生死存亡之际，总能化险为夷。

凭自己的努力，终究无法扳回这一局。郭英想到这里，满是皱纹的脸上滑过一丝失落，将军白发，国将不国，纵有报国之志，也难改逆天之局。

“若是云宗在，他一定有办法。”郭英想起避难在外的侄儿郭云宗，想写信给他说点什么，可是，握笔的手竟有些颤抖。他明白，自己大势已去，不但朱棣不容他，他自己也无法苟活于世了。

于是靖难之役后，郭英黯然辞官归隐。

永乐元年（1403 年），郭英去世，享年六十七岁。他死后，被朝廷追封为营国公，谥号威襄。

恐怕郭英自己都不知道，他是明朝八十多位开国功臣之中，少有能善终者。而纵观整个明史，以朱元璋多疑的性格，竟也能如此宠信一名大臣，郭英的地位可见一斑。

换言之，这样的殊荣又岂是普通的封侯拜相能与之相比的呢？然而这些，郭英好像并不在乎。

将军百战死，壮士十年归。

最好的离开，不是黯然归隐，而是在平定内乱之后，荣归故里。可是郭英，终究是做不到了，垂暮之殇，在这一刻，显然更加悲壮，更加苍凉。

第四节 郭府添丁进口

公元1363年（至正二十三年）八月的一个清晨，从临淮河郭家传出一阵洪亮的婴啼声，打破了黎明之前的沉寂。

在一座充满浓浓徽式风格的老房子里，一位年逾六旬的老者佝偻着身子，跪在家中简陋的祠堂里，双目紧闭，嘴巴一张一合的念念有词。

他的面前放着一张香案，案上摆满了历代祖宗的灵位，清晰可见为首的一张灵位上写着“先祖郭公子仪之灵位”。

郭子仪，这位大唐王朝的中兴名将、七朝元老，早年因中武举而入仕，积功至九原太守，此间一直未受朝廷重用，直到“安史之乱”，才真正展现出自己惊人的军事才华。

安史之乱，是天宝十四年末（755年12月）至宝应二年初（763年2月）由唐朝将领安禄山与史思明背叛唐朝后发动的战争，这场浩大的内战使得唐朝元气大伤，由盛而衰，国力锐减。在平定安史之乱的过程中，郭子仪参与了攻克河北诸郡之战、收复两京之战、邺城之战等重大作战，安史之乱后，他计退吐蕃，二复长安；说服回纥，再败吐蕃；威服叛将，平定河东。他戎马一生，功勋卓著，文韬武略，智勇双全。不但能于乱世为大唐王朝立下累累军功，更能在险恶的官场上处事不惊，全身而退，赢得后世美名无数。

老人睁开双眼，面朝郭子仪的灵位拜了几拜。随后，目光又相继落在了汾阳王郭子仪之子、唐代宗第四女升平公主的驸马——郭暧的灵位之上，他面色凝重，一一跪拜，虔诚可感天地。

这临淮郭氏原属唐朝郭子仪一脉，子孙后世几经颠沛流转，被迫南迁，郭氏后人渐渐在临淮一带定居下来，世代更替，沧海桑田，他们却始终记得自己祖源是汾阳这个不争的事实。他们不但记得，还秉承家族使命，时刻不忘将郭氏一门发扬光大。大明朝建立以后，明太祖朱元璋大封功臣，并于洪武四年（1372 年）为郭兴、郭英封了“郭府”，老宅翻新，祖祠重建，一时荣宠极盛，这些都是后话了。

不错，眼前这位老人正是跟随朱元璋一统天下的“淮西二十四将”中巩昌侯郭兴与武定侯郭英两兄弟的父亲——郭山甫。

郭山甫通周易，且极擅相面之术。当年，见到朱元璋的那一刻，他便意识到，郭家以后的功名富贵，全系于眼前这一人了。来不及深思熟虑，他当即决定让郭兴与郭英二子追随朱元璋远赴沙场，并在二子离开之后，又费尽心思将自己的女儿郭宁莲嫁给了朱元璋当二房，待这一切办妥之后，有意使了个心眼，将三子德成支去濠州城找寻兴英二人，实则暗中托人在军营为他谋了份差事。郭山甫自知三子德成淡泊名利，无心富贵，空有一身好本领无处施展，所以自作主张为他觅了条出路。

尘埃落定之后，家中只余老幼妇孺。

彼时，郭兴业已成家，娶了汪氏、陈氏二女为妻；德成、郭英尚未娶妻。

十年过去了，家中人丁越发单薄。三个儿子长年在外征战，聚少离多，膝下儿孙零落，尤以二子郭兴一脉为甚。除了早年与汪氏生的郭振以外，再无子嗣。

话说回来，哪个老人不渴望儿孙满堂，能在余年含饴弄孙、以享天伦呢？郭山甫也不例外。纵然他算得到日后郭家的一派兴盛繁华，可是此刻他看不到，他更怕等不到。

“爹，爹！”郭山甫听见有人在祠堂外唤他。

他晃晃悠悠地起身，慢慢移步到院中，只见儿媳汪氏正捧着一盆热水，欲往陈氏房里去，在经过祠堂门外时忽然歇了脚步。

“爹，妹妹生啦！是个大胖小子！”汪氏面露喜色，一边说着，一边加紧了步伐往里屋走去。

郭山甫急急地跟在汪氏身后往前走，待听得陈氏屋内传出婴儿的啼哭声时，拧成一团的眉头终于舒展开来，爬满褶皱的脸上忽然露出一丝慈祥的笑容来，嘴里也念叨起来：“祥兆，在这个要紧关头，这是祥兆啊哈哈！果然是天佑我郭氏哪！”

在一间陈旧的瓦房里，陈氏正躺在床上，大汗淋漓，脸色苍白。显然，她还未从生产的疲累中缓过劲儿来。丈夫郭兴自去年冬日离家至今，已有将近一年了……看着眼前的孩子，陈氏鼻子一酸，忽地流下泪来。

而此时，郭兴正跟随朱元璋的大军于鄱阳湖大战陈友谅。

此前，经过多次交锋，陈友谅军在朱元璋大军的强大攻势下，屡败屡退，领地不断缩小。由于担心陈友谅会与张士诚联手，朱元璋听从刘基的建议，利用陈友谅性情多疑的特点，设计引诱陈友谅率师东下，断其后路，再一路乘胜追击，终于将其逼到了鄱阳湖一带。

胶着多日的战局因为郭兴的火攻建议而迅速得到扭转，当漫天大火连着巨舰熊熊燃烧到对岸时，郭兴的嘴角浮出一丝微笑，他不动声色，悄然穿梭于战火满天的敌营中，寻找着陈友谅的身影，终于，将这一代枭雄毙于自己箭下。

郭兴抹了抹脸上的血迹，眼神微动，转身朝凤阳的方向看去。

“云宗，爹爹送你的生日礼物，你可还满意么?”

这一刻，百炼钢化作绕指柔。

这一刻，连天地，都为之动容。

第 二 章

少年从军　南征北战

第一节　北平从军

郭云宗出生那一年，父亲郭兴因在鄱阳湖一役中立下战功，很快名声大噪。次年，即被擢升为鹰扬卫指挥使，此后战功累累，一路平步青云。

几乎每打完一次胜仗，郭兴都会寄一封家书回去，而老父郭山甫总会在看完家书之后，小心翼翼地将其保存在一个木制的小匣子里。不到五年的工夫，郭山甫房中的木匣已经满置了数十个。望着堆积如山的木匣，郭山甫的心情大好，早前的老态龙钟仿佛在逐渐褪去，年龄像是随着一封封捷报的增多而呈现倒退的趋势。

郭山甫摩挲着眼前的木匣，心满意足之余又有些担心。距离上次郭兴寄来家书已一月又余，如今临近正月，却不见他归乡，不知朝中是否出了什么乱子。

四年前，朱元璋在群臣的簇拥之下，于应天府（今南京）称吴王。这四年里，吴军征战四方，所向披靡，陈友谅余部和张士诚余部被尽数歼灭，腐朽的元廷因为内部尖锐的矛盾，整个王朝摇摇欲坠，分崩离析只在一夕之间。

“四年过去了，若我所料不错，吴王该有所动作了……”郭山甫陷入沉思中。

忽然，一阵“咯咯咯”的笑声打断了老人的思路，他循着笑声望去，只见五岁的郭云宗手中攥着一封家书，小脸冻得通红，正朝自己蹒跚而来，一边走一边用稚嫩的口气说道：“爷爷，爹爹来信了，宗儿拿来给您。”

郭山甫站起身来，朝郭云宗迎了过去，伸手揽他近身，作势要抱起，却突然发觉孩子重了不少，他腰间无力，竟然无法抱起一个孩子。眉间一缕黯然划过，转瞬即逝。

他伸手摸了摸孩子的头，接过家书，一边拆一边和蔼地问他道：“云宗，你怎知是你爹爹，而不是叔父送来的家书呢？”

“嗯……”郭云宗想了想，这才道：“他们每个人写的字不一样啊。就说这个‘启’字，三叔写来朝下歪，四叔写来朝上歪，唯有父亲，写来是规规矩矩，方方正正的。”

郭山甫听得一惊，拆了一半信的手停在空中，不知说什么好。年仅五岁的郭云宗，不知为何，仿佛天生拥有洞察秋毫的能力，竟将三子未来的命运“信口”说了出来。

这一年是公元1368年。

正月初四，朱元璋在百官的劝进和拥戴之下，于南京郊坛即皇帝位，国号大明，改元洪武，追尊四代。

郭山甫从郭兴郭英相继而来的家书中，了解到南京的新朝盛况，举家振奋，数宿难眠，终因乐极生悲，气尽而终。

消息传到南京，三兄弟快马加鞭连夜赶回濠州老家，刚到村口，便听见惊天动地的哭声从灯火通明的郭家老宅里传了出来，不由得眼眶微红。待进到家中，看着业已设好的灵堂和满室披麻戴孝的妻儿们时，三个七尺男儿再也按捺不住心中悲痛，放声大哭起来。

在这个举国欢庆的日子里，郭氏一家却沉浸在无限的悲伤之中。

郭山甫去世后，郭兴与德成计划，待三年孝期一满，即携妻儿迁居南京城，祖宅留给四弟郭英，也好不负父亲嘱托，让临淮一脉于故土之上延续下去。

此间种种，年幼的郭云宗还不太懂。只是从这一年正月往后，他就再也没有见过爷爷了。

次年，郭云宗被送往私塾读书。他天资聪颖，凡先生所授，皆能过目不忘，聪慧于郭氏一门，无人能及。

大明建都之后，军情稍缓，郭兴在军中多得封赏，得以抽空回家看望妻儿。郭兴对这个儿子分外疼爱，可是郭云宗，因记事以来，便很少见到父亲，所以他对父亲的印象并不好，反而更喜欢同四叔郭英待在一起。

洪武三年（1370 年），明太祖朱元璋大封功臣，父亲郭兴被封为巩昌侯，食禄一千五百石，正式在南京城落脚，有了自己的府邸。次年，郭兴守孝期满，时年八岁的郭云宗跟随父母兄弟一起，正式迁居南京城，从此开始了他跌宕起伏的一生。

洪武九年（1376 年），十三岁的郭云宗跟随叔父郭英一起，踏上了镇守北平的征程。一路上，听着四叔郭英说自己年少从军的故事，云宗只是礼貌地点点头，寡言少语。年纪尚轻的郭云宗，透过父亲和叔父浑身上下的累累疤痕，看得比任何人都明白，行军打仗不比平常度日，没有四叔说的那么新鲜，反而是危险大于机会。他忐忑不安，却又争强好胜，想在从军之初便小试牛刀，不愿将内心真实的感觉告知周围的亲人，尤其是四叔，更不可能是父亲。他只能走一步算一步，以面对浩瀚典籍的勇气，来战胜满地荆棘、前方未知的军营难题。

此前，父亲郭兴征辽归来，未几日便被派往北平，同魏国公徐达一起镇守北平。

还记得临行之前，父亲郭兴问自己的问题："你当真不愿随我北上么?"

郭云宗不置可否。

其实，他心里明白，自己的性格同父亲一样，稳重成熟，可当大任。只是，正处于叛逆的年纪，越是相似，他越是反抗，他不希望像大哥一样，成为别人口中的"小巩昌侯"，而是想靠自己的努力来向父亲证明，不在他的光环之下，自己反而会变得更强大。

于是，他选择了一向与自己亲近的四叔郭英。四叔文韬武略，且深受朝廷器重，跟着他走，能趁着打仗的机缘，接触到另一个全新的世界，这才是郭云宗想要的。

车马经过多日劳顿，终于顺利抵达北平。

"云宗，快下来！随我前去拜见你爹爹！"郭英翻身下马，身形一晃，就到了郭云宗面前。

"啊?"郭云宗脸色一沉，有点埋怨道："四叔不是说，同爹爹不在一个军营么?"

"正因不在一处，才需要专程过来拜见啊。"郭英又道："若只有你爹倒罢了，魏国公在此，小辈若不上前拜见，于章法礼仪不合。我辈虽是粗人，这点规矩还是要守的。”

郭云宗一听魏国公徐达也在营帐之中，没有一般孩子的怯弱，反而激动起来：“四叔说的，可是当今圣上面前的大红人——魏国公徐达?”

“嘘!”郭英示意他闭嘴，然后悄声道：“直呼魏国公的名讳，可是要杀头的，你若再如此莽撞，我和你爹都保不了你!”

“小侄谨记叔父教诲。那适才所说……”郭云宗识趣地回了话，还想顺便再探个口风。

“你小小年纪，消息倒也灵通。”郭英笑着看了郭云宗一眼，嘴上说意外，心里却十分明白，身在将门之家，便是三五岁的小孩都知道的事情，又岂能瞒得了这个聪明绝顶且心思细腻的侄儿呢?

“四叔，莫让魏国公等急了，我们走吧!”郭云宗沉思片刻，忽然朗声道，丝毫没有注意郭英向他投来的奇怪的目光。

“不怕你爹爹了?”郭英忍不住揶揄他道。

“云宗从来不怕爹爹。”郭云宗冷静地回了一句，留下目瞪口呆的郭英，径直往军营的方向去了。

郭兴随徐达镇守北平，已两年有余。因为国事繁忙，徐达被先行召回南京议政了，眼下北平只余郭兴和其他几位将军留守，由于北平周边贼寇尚未肃清，且北平扼中原门户，如今残元未平，徐达一走，朝廷恐生变数，又派了郭英来支援镇守。

当郭云宗兴冲冲地随郭英来到军营之中时，一个熟悉的面庞出现在他的视野里，正是他的亲生父亲——巩昌侯郭兴。郭云宗上前恭敬地行了一礼：“孩儿见过爹爹，给爹爹请安。”

一向不苟言笑的郭兴竟然冲着郭云宗微微笑道：“果然，只有老四请得动你啊！”

“爹爹多虑了，孩儿不敢。”郭云宗仍然是一副敬而远之的样子。

郭兴仿佛已经习惯了云宗这个样子，并不往心里去。但见他左顾右盼，像在寻着什么人，心下了然，故意不说破，由着他干着急。

郭云宗瞄了一眼四周，不见魏国公徐达的身影，正欲向父亲郭兴发问，又怕他误会自己不是专程来看他的，话到嘴边，还是忍住了。左等右等，最终还是不见徐达出现，只好告辞了父亲，随四叔郭英一起，郁郁而归。

初入军营，这一切陌生而熟悉。陌生的是北平所见，与江南迥异，无论风土人情，还是饮食气候。熟悉的是沙场情状真如父亲和四叔口中所述一样，云宗早就梦想着，有一日能随父辈驰骋沙场，同敌人来一场真刀真枪的较量，方能不负将门虎子的威名。这个来自江南的少年，在看到军营的一瞬间，变得斗志昂扬，他跃跃欲试，随时在等待着展示自己的机会。

当郭云宗自告奋勇地请求叔父郭英帮自己在军中隐瞒身份时，郭英好像并不惊讶，只是笑问他道：“云宗，你可想好了？”

“请四叔一视同仁！这点苦，云宗受得住。”少年眼神坚定，眼里有种与同龄人不一样的坚持。

“好小子！既然如此，我就成全你。”郭英大笑，他忽然想起当年的自己，也是初生牛犊，犹不怕苦。

得到叔父的许可之后，郭云宗期待着能在军营大展拳脚，然而事与愿违。没有人愿意去眷顾一个无名小卒，更多的人，只会以同情的目光看着这个少年，以为他无家可归，只能跟着军队混口饭罢了。

同情归同情，欺凌仍不可少。除了日常的杂活累活扔给郭云宗干以外，他们还会故意给他使绊子。郭云宗年纪虽小，可这些耍小聪明的把戏都逃不过他的眼睛，被他一一识破。然而还是因为身形矮小，无法躲开小兵们的武力欺压。

这一切，被郭英看在眼里，一次闲聊之中，他有意对哥哥郭兴提起：“云宗这孩子，身上有股倔劲儿。这一时半会儿的，他扛得住，长期下去，身体肯定吃不消。咱们得想个办法。”

“放心，他没事。”短短几个字，郭兴心中却有了主意。

自这天之后，郭云宗每晚都会收到军中密令，命他去军营后山脚下背两捆柴回来，起初他觉得甚是奇怪，待去过一次才明白，原来是父亲郭兴有意传授他武艺。在夜以继夜的不断打磨切磋之中，郭云宗渐渐成长，普通的兵士在拳脚功夫上已经奈何不了他，最终，于两年一度的校场比武之中，郭云宗大获全胜，引无数兵将侧目。

而对郭云宗而言，这两年来最大的收获，除了在军营中受过的苦，还有从父亲郭兴那里感受到的浓浓的父爱。他们都是内敛的人，彼此有话藏在心里从来不愿说出口，父亲只会用行动来帮助自己不受其他人欺侮，而自己却有意疏远他。直到比武获胜的那一刻，他才明白从军不易，才体谅到父亲在外征战多年的艰辛。

郭云宗暗暗下定了决心，接下来，他要随父亲一起，去征战沙场，用这一身武艺报效家国，光耀郭氏一门！

第二节　临清练兵

洪武十一年（1378 年），明太祖朱元璋进封汤和为信国公，数出中都、临清等地。并下旨，命信国公汤和于次年二月率领诸侯于临清练兵。

消息传到北平，郭云宗主动请缨随父出征。听到这个请求，莫说郭兴，连郭英都觉得有些意外。

“云宗，你这又是何意？”郭英不解。

“爹爹年纪渐长，云宗想随军侍奉左右。四叔不是不知，爹爹身上的旧疾，受不得长途奔波之苦。时下秋寒入骨……”郭云宗说到这里，不再言语。

郭英是何等人物，岂会不知郭云宗心中所想，他也懒得与孩子周旋，只是淡淡地笑道：“恐怕，你爹的身体事小，你这好斗之心事大吧？”

一向稳重的郭云宗忽然脸色发红，讪然道：“四叔又取笑侄儿了，侄儿哪敢？”

“你有什么不敢的？在北平闷了这么久，好不容易有个机会让你大展身手，你岂会轻易错过！”

“四叔……所言极是。您老人家的意思，是同意我去了?”郭云宗笑嘻嘻地凑到郭英身边，小儿无赖一般闹了起来。

“哈哈哈哈，小云宗啊，纵然我愿意让你去，你爹不同意，我也没辙啊!”郭英巧妙地将话题又重新抛到了郭兴身上。

“爹爹会带我去的!”云宗见无法说服郭英，只好转身回去再求自己的父亲。

“爹爹，云宗一定会严守军纪，不给您添麻烦，您就带我去吧!”郭云宗低着头，言语中又是撒娇，又是恳求。

“这……”郭兴故意支吾不言。他心中欢喜，如今同云宗的关系确实缓和了不少，从小到大，他可从来没听过云宗用这种语气跟自己讲过话呢。父子之间存在的疏离感好像自较场比武之后，就渐渐消失了。在这等重要关头，他自然不会傻到让这重新建立起来的和谐感毁于一旦。况且临清练兵危险几乎为零，带云宗去是百利而无一害。

郭云宗见父亲快被自己说动了，继续卖乖讨巧地进行心理战术，果然，郭兴松口了:“还不快去收拾东西?!”

“孩儿遵命——”命字还未说完，人已经快速闪了出去，惹得郭兴与郭英两兄弟大笑不止。

“俗话说外甥随舅。依我看呢，就该是侄儿随叔，二哥你看云宗，简直跟当年的我一模一样嘛!”郭英看着郭云宗远去的背影，忍不住感叹道。

“这孩子我倒不担心，他以后无论去到哪里，处于何种境地，都能想方设法保全自己。”郭兴追随四弟的目光，朝着郭云宗离开的方向看了一眼，面上难掩慈爱之情。

“二哥是担心振儿?”郭英思考片刻，随即低声问道。

“若是振儿有云宗一半的机灵，我也不致忧心至此。怕就怕有朝一日，我大去之后，这虚空的侯爵之位保不住他啊!”

“二哥何出此言?如今大明一统天下，四海渐平，圣上论功行赏，厚待朝臣，还会再遇怎样的祸事?”

“皇上多疑，天下皆知。一时风光，未必长久。我郭兴戎马半生，只为光耀门楣。万千军功，只为告父母在天之灵。却不知这样的荣宠还能护佑郭氏几代?老四啊，你得答应我一件事。”

“二哥请说!”

“若是此后，郭氏遭厄，你务必顾念我们兄弟情分，无论如何，都要保我妻儿无恙啊!”郭兴说到情急之处，竟欲下跪给郭英。

郭英赶紧上前，扶住郭兴道：“二哥说的什么话!你我兄弟，纵你不说，这也是弟弟分内之事。二哥身体康健，怎会忽然说起这些不吉利的话来，我可权当什么都没听见。”郭英强颜欢笑，却不知为何，在听到郭兴这番肺腑之言后，心中陡生一股凉意，仿佛二哥真的能预见未来似的，这倒让一向乐观的郭英有些手足无措了。

此时的郭云宗，正沉浸在出发的喜悦之中，他丝毫不知，仅仅一炷香的工夫，他的父亲与叔父，就已经为他的未来做出了准确的预测和万全的准备。

他只是细心地收好衣物，等待着出发那一日……

临清之名，始于后赵，取临近清河之意。春秋时，先属齐，后属晋、卫。战国时改属赵，秦时行郡县制，属东郡，汉时属冀州魏郡，三国时属魏，晋时属司州阳平郡，南北朝时属济北郡，齐周属清河郡，隋唐时属贝州清河郡，宋时属大名府魏郡，辽、金时属大名府恩州地。

去往临清的路上，郭云宗将自己从书上看来的，关于临清各阶段的历史变迁，一一说给父亲郭兴听。

郭兴听得兴起，时不时会插上几句话。

“大明初建，临清尚未明确如何分治，但由于地理位置绝佳，位于漳卫河与古运河的交汇处，与直隶隔河相望，是西进鲁地，晋冀东出的重要门户。元时便已然设立了直属枢密院的临清万户府。而漕运总司则设在河西务，分属临清。自古以来，这临清便有‘富庶甲齐郡，繁华压两京’的美誉啊。”郭兴一边回忆一边道。

“爹爹，当今皇上选择此地练兵，莫非是想……”郭云宗忍不住揣测道。

“临清练兵，并非始于我朝，云宗莫要胡乱猜测。养兵千日，用在一时，若不趁闲时练兵，时日一长，再强的军队也会一溃千里，不堪一击。日后你上了疆场，这些事情自会司空见惯，不必惊讶。”

郭云宗点了点头道：“孩儿知道了。”

抵达临清时，已近隆冬。由于练兵定在次年二月，诸侯并未到齐。郭云宗与父亲住在一座待客的府邸之中，与同来的诸侯来往甚是方便。

诸侯皆有战功在身，军人气魄，自不比平常百姓，对待云宗亦是关爱有加。

十六岁的郭云宗，在临清等候练兵的这段日子里，开始展现出惊人的才华来。他将诸侯的名姓、擅使兵器及常用战术汇总出来，编辑成册，随身携带，每日沙场练武完毕，便会找一处空地，自制沙盘，开始慢慢琢磨行军打仗之法，如遇难处，便会回到客邸中向父亲或叔伯们请教。

这些私自编辑成册的计谋方法，郭云宗一直瞒着父亲郭兴，直到有一日走得匆忙，忽然掉落在了父亲的眼皮子底下。

郭云宗永远也忘不了父亲当时的表情。只见郭兴脸色铁青，一只抬起的手停在半空，另一只手则紧紧地攥着那本小册子不放，唯恐这一放就会惹出祸端来！

"到底是谁，教你做这些的?"郭兴强忍住愤怒，对着早已跪在面前的郭云宗，厉声喝道。

"是……是孩儿自己……自己想出来的。"郭云宗从未见父亲发过这么大的火，跪在地上，情急之中变得吞吞吐吐，口不能言。

"好！枉你饱读圣贤之书，你可知道，这本册子被客邸中的任何一个人看见，我们郭氏满门都要被你连累抄斩啊！"

"孩儿只是……"郭云宗听父亲说得厉害，跪在地上的身子不由得哆嗦起来。

"是！你是巩昌侯之子，年纪尚轻，只好钻研武艺，并无别的心思。可这府邸里的任何一位，拉出来与为父相比，只会有过之而无不及。所谓三人成虎，空穴来风，真到了大难临头那一天，我也救不了你啊孩子！"郭兴说着说着，不知为何，突然想起过世的老父亲来，不由得眼眶湿润。

郭云宗匍匐到父亲身边，将他手中的册子一把夺过，扔到房中取暖用的炭炉之上。

待郭兴缓过神来时，那本小册子已然烧成了灰烬。他再转过头去看云宗，只见十六岁的云宗指了指自己的脑袋，勉力挤出一丝笑容，对着自己的父亲，轻声说道："爹爹放心，孩儿都记住了。"

这一语双关，让片刻前还暴躁不已的郭兴感动不已。郭云宗不仅将那毁掉的册子上的战略奇谋都收入自己脑中，还将父亲的谆谆教诲全部铭记于心，不敢再忘。

这一刻，郭兴才意识到，一直被自己看作孩子的郭云宗，成长速度已经远远超出了他的预料。甚至，他有种预感，在往后几年里，郭云宗会代替自己和老四，在大明王朝的无数次战争中发挥旁人无法替代的巨大作用，这些，都是他无法想象，或者说，是从来不敢去想的。

经此一事后，郭云宗像变了一个人，仿佛一夜之间，长大了不少。他每日依旧勤奋地练武，除了练武之外，就是回房与父亲郭兴请教兵书战略等事，鲜少与客邸中的叔伯诸侯往来了。

眨眼间，又是一年。

二月，诸侯齐聚临清，练兵正式开始。

在与父亲探讨过无数经典的作战先例之后，面对眼前浩大的盛典，郭云宗有些目眩。平生第一次，他真真切切地体会到，何谓"上兵伐谋，其次伐交，其次伐兵……"也真真切切地体会到，自己来到临清的意义。

胸中有千军万马，功成在旦夕之间。

郭云宗没有参加临清的比武，反而在练兵结束之后，陪伴父亲迅速折回北平。

他要回到北平，将早几年欠下的功课全部补上，骑马射箭，泅水渡江，搏击偷袭……

一想到这里，郭云宗的心中便充满期待，他望着父亲日渐佝偻的背影，暗暗发誓：此生不求功成名就，只愿名扬后世，千秋万代！

第三节　统一云南

临清练兵过后，郭云宗摩拳擦掌，一直在等待着一个施展抱负的机会。在北平日常演习训练之余，郭云宗总是无法让自己安静下来，他满脑子都想着打仗。

这一日，郭云宗来到父亲房中。郭兴看见儿子走进来，不等他开口，心中已经明白了七八分。

“父亲，您老人家还有我四叔可是赶上了好年景。”郭云宗言语之间夹杂着一些羡慕和不满。

随着年龄的增长，郭云宗对郭兴的称呼也发生了明显的变化，他不再沿用少年时亲昵的称呼“爹爹”，而是换成了令他敬重的“父亲”。虽然换了称呼，父子的感情不但未受影响，反而更近了一步。

“云宗，你说什么是好年景？”郭兴太了解自己的这个儿子，脾气秉性和弟弟郭英像是一个模子刻出来的。

“父亲，您说您这一代人过得多威风啊，平江南、下四川，驱鞑子、战北平，这不是好事？”郭云宗仰天长叹，“怎奈我无福，没有赶上建功立业的时机！”

“云宗，休得胡言!”郭兴看着自己的儿子，不知该怎样去劝他，只好说，“军人无仗可打才是好年景啊……”郭兴这话像是在说给儿子听，又像是在自言自语。郭云宗听得似懂非懂，心里却始终有些别扭。

郭云宗征战沙场的机会来得似乎有些突然。

洪武十四年（1381 年）八月，皇帝朱元璋任命颍川侯傅友德为征南将军，同时组建南征大军三十万人，发兵云南，志在一统。永昌侯蓝玉为左副将，西平侯沐英为右副将，另点曹震、王弼、金朝兴、张铨、胡海、陈桓等众将一同出征。

出征西南，剑指滇黔，这等重要的军事行动朱元璋怎么能忘了他的爱将郭英。此时的郭英官居都督，正当壮年。郭英即将出征云南的事情不知如何传到了他的宝贝侄子郭云宗的耳中。

耐不住郭云宗的软磨硬泡，加上郭英确实打心眼里就喜欢这个机智聪明的小侄子，最终在和兄长商议之后，郭英决定带着侄子一同奔赴西南边陲。

像天上掉下馅饼一样，战场杀敌、建功立业的机会就这样到来了。出征前的郭云宗开心得像个孩子，天天盼着大军启程的日子的到来。

在郭云宗看来这场战争简直就是喜从天降，但是对皇帝朱元璋而言，这是一场酝酿了许久的战争。

早在洪武四年（1371 年），明军在征西将军中山侯汤和，征虏前将军、颍川侯傅友德等人的率领下一举拿下盘踞四川盆地的明氏大夏政权。当时就有臣属建议一鼓作气，攻取云南，但是皇帝朱元璋以“云南僻远，不宜烦兵”为由拒绝了提议。此后，朱元璋采取先礼后兵的措施，先后七次派遣使臣前往云南招抚效忠残元的梁王巴匝剌瓦尔密。但是，巴匝剌瓦尔密不仅未降，反而三番五次地杀害大明使臣。

多年来，朱元璋一直在隐忍，他把每一笔债都刻在心里，然后把仇恨和愤怒化为一张弓，等待着时机拉满。

十年生聚。洪武十四年（1381 年）的大明朝，北方的残元势力虽然看似强大，但是已经日薄西山，在平定西北边陲之后，朱元璋终于有时间腾出手来搭弓射箭。其实，确定傅友德为主帅，不仅因为他南征北战，众将心服，朱元璋还有一个不曾说的理由，傅友德正是十年前入川的将领之一。由他来出征云南，自然是驾轻就熟。

大明的将士们心里也都清楚，这一战，犹如利箭在弦，不得不发，大明的将士们等这一战也等了很久。

九月初一。南京皇宫前的柳树湾，朱元璋检阅了整装待发的三十万大军并亲自为南征将士饯行。一时间，江面上千帆竞逐、百舸争流。虽然郭云宗也曾沙场练兵，但是他从来不曾见过这样的阵势。身处千军万马之中，郭云宗感觉连云都被旌旗压过了半头。他有种莫名的兴奋……

“两岸猿声啼不住，轻舟已过万重山”。初次行军的体验让郭云宗对一切都充满了新鲜感。九月二十六日，三十万大军沿长江水路逆流而上到达湖广省衙署所在地武昌。根据太祖皇帝的旨意，傅友德将三十万大军一分为二，从东、北两个方向同时入滇。

东路军由傅友德亲率二十五万大军主力，经八百里洞庭，过武陵（今湖南省常德市武陵区）、桃源（今湖南省桃源县），在辰州（今湖南省沅陵县辖区）登陆后走陆路，过“界亭驿、辰龙关”等地，沿“一线道”各驿站，继续向西挺进，进贵州，攻曲靖定云南。

傅友德另遣郭英率胡海、陈桓等将领组成五万偏师，沿长江，穿三峡，经重庆、泸州达永宁（今四川省叙永县）上岸，直趋乌撒（今贵州威宁），以牵制梁王兵力和吸引土酋武装，这就是北路军。

兵分两路的决定刚刚下达，郭云宗却闹起了情绪。

“叔父，我们也是来打仗的，凭什么咱们就只能做偏师？”

“偏师怎么了？偏师就不是兵了？偏师就不能报效国家吗？”郭英平时很少对这个古灵精怪的侄子发火，但是这一次他似乎真的生气了，“云宗，你要记住，军人的职责就是服从命令。行得正，坐得端，伸世间之正义，救万民于水火，偏与不偏又有何不同？”

郭云宗还想说什么，但是话到了嘴边他哽住了，他忽然想起父亲对他说的那句话“无仗可打才是好年景啊……”

从湖广到四川，一路崇山峻岭、急流险滩，尤以西陵峡、巫峡、瞿塘峡为最。大军穿越三峡时，郭云宗焦躁起来，一路上左顾右盼，四处张望个不停。

郭英察觉到郭云宗的异样，正欲开口询问，却被同行的胡海抢先一步：“小子，走路长眼啊！”郭云宗仿佛没有听见胡海的话，仍旧我行我素，止不住地东张西望着，时不时停下脚步略加思考，完全视周围的人如无物。胡海自讨了个没趣，想发火却又碍于郭英的面子，只得尴尬地笑道：“令侄真是有趣……”

“兄弟莫往心里去。我侄云宗，虽然行事莽撞，却非罔顾礼仪之人，胡兄弟提醒得当，原该让云宗特意跟你赔个礼的，不过话说回来，还是我这个当叔叔的不懂礼数啊。”

这番话说得胡海满脸通红，他生就一副暴脾气，却因作战勇猛，虽屡战屡伤仍斗志不减而多次受到明太祖朱元璋的嘉奖，早年随太祖四处征战时便已显露出色的领军才能，在多次战役中斩获头功，此次远征云南，也是太祖钦点。

然而，满朝文武都清楚，身为宁妃的哥哥，皇上的小舅子，郭英在朱元璋心中的地位可不是一般人能比的。同样是随大军远征云南，郭英的侄儿云宗可以不受军纪约束，随侍郭英左右，自己的亲生儿子胡斌却不得不规规矩矩地跟随大军，安营扎寨，露宿野外。每次一想到这里，胡海就愤愤不平，总想找机会出口恶气，是以故意出言不逊，明着是对郭云宗，暗里却在讽刺郭英。

胡海没想到自己的小心思会被郭英一眼看穿，正暗自琢磨着如何回击他一句时，忽然瞥见郭云宗脸色凝重地朝郭英走了过来。

“四叔，借一步说话。”郭英诧异地看着云宗，似乎还在等着他的下文。

郭云宗面色焦急，却仿佛有难言之隐一般，迟迟不愿再多作解释，只是重复着上一句话：“四叔，借一步说话！”

郭英不知他葫芦里卖的什么药，无奈之下，只得随他移步到一处僻静之地，留下不明所以的胡海在原地发愣。

“云宗，你究竟有何急事，不能告知于人前？”还未等郭云宗开口，郭英便有些不耐烦了。

“请叔父立即下令，命大军停止前行!”郭云宗郑重其事地行了一个军礼给郭英。

“赤水河一步之遥，蛮子就在对面，过河便可痛快一战，直捣乌撒，你现在让我停军不前，真是天大的笑话!”郭英嘴上这么说，心中却也好奇郭云宗为何如此胡言。因为据他的了解，云宗这孩子，可不是胡来的人。

“此言差矣，若是此时过河，必将中了敌方的奸计。四叔有所不知，侄儿适才观天象，若所料不错，眼下不出一刻钟，便会有暴雨阻路。若我军冒雨过河，定会战力大减，即便过了河，也无异羊入虎口，大意不得啊!”眼见着大军距赤水河的距离越来越近，郭云宗急得在原地打转。

“这……那依你之见，又该如何?”郭英已然信了几分。

“侄儿自有打算。当务之急，是扎营避雨，从长计议。还望四叔能听取云宗愚见，速速下令，再晚就来不及了!”郭云宗固执地恳求道。

郭英听他说得真切，为免行军初期横生巨变，果断下令大军停止前行，并退后五里，扎寨安营。

果然，大军刚刚安顿好，暴雨便如期而至。

郭云宗站在营帐门口，看着瓢泼的大雨，兴奋不已。他转过身对郭英道：“四叔……”

“好小子！这观天象的本事又是谁教的你?”郭英打断了郭云宗的话，率先发问道。

“四叔莫忘了，爷爷除了相面之术，观天象亦不在话下。”郭云宗一脸得意。

“哟，行啊你！那你倒说说，接下来这仗，咱们怎个打法?”

“三日之后，河水暴涨，我军只需伐木为船，连夜渡江，便能趁敌不备，一举攻下乌撒！”

“好！”郭英大喜道，“就依你所言。”

洪武十四年（1381 年）十月，郭英命陈桓、胡海率部兵分两路，趁赤水河雨后暴涨，斩木为筏，趁夜渡江。天亮，抵达敌营，一举击溃乌撒诸蛮，并擒获敌将并阿容等多人，一时明军上下，士气大涨。

接着，郭云宗追随叔父郭英的军队，相继攻克曲靖、陆凉、越州、关索岭、椅子寨等地，更是深入滇地，一路配合东路大军剿清元军余部。

十二月二十二日，梁王见大势已去，终于在逃离昆明后自杀身亡。次日，明军进抵板桥（今昆明东），元右丞观音保出城投降，蓝玉等整军入城。

与此同时，郭英率军再抵赤水河，元右丞实卜引军抵抗。傅友德率兵来援，实卜闻讯仓皇南撤。傅友德军进占乌撒后，实卜复率部争夺。明军依山为营，乘势攻杀，大败元军，并克七星关（今贵州毕节西南），直达毕节，附近州县望风归降。

年仅十八岁的郭云宗，跟着叔父郭英，出谋划策，上阵杀敌，丝毫不落人后。不到一年的工夫，在军中已小有名气，连一向奚落他的胡海都不得不对他刮目相待。

洪武十五年（1382 年），蓝玉、沐英率部攻克大理（今属云南），段氏就擒。继而攻克鹤庆（今属云南）、丽江（今云南丽江纳西族自治县）等地，至此平定云南全境。

明朝政府为开发西南，巩固边防，在平定云南之后，于同年（洪武十五年二月）建立云南都指挥使司和云南布政使司，管理云南军政事务，并在军事要冲地区设置卫所，屯兵戍守，更是鼓励中原地区的百姓迁入黔滇等地，繁衍后代，稳定边疆。

洪武十六年（1383年），郭云宗结束了两年真正的军人生活，带着一身伤疤踏上了返回南京城的路。出身将门的他，已经习惯了天南海北四处征战的辛苦，战场杀敌自是骁勇不在话下，而初入云贵，这个来自江南的少年对西南地区的风俗物事充满好奇与向往，时日一长，他竟有些留恋这里的生活。

一边是刀光剑影、浴血奋战的激昂，一边是民风淳朴、景色宜人的安祥。两种不同的画面在他脑中交织盘桓着，仿佛冥冥之中有种力量在不停地牵引着他留下来。

或许他自己都不曾想到，有朝一日会举家流落至此，更不会想到，这个仅有一面之缘的偏远之地，会成为自己日后延续后代、安身立命和颐养天年之所。

第四节　金山之役

巧渡赤水、平定云南，初次征战疆场的郭云宗小试牛刀就让众多名将刮目相看，大明王朝的一颗新星正在冉冉升起。

洪武十六年（1383 年），云南统一，郭云宗随叔父郭英班师回京。太祖皇帝朱元璋大宴群臣，为凯旋的将士们接风洗尘。郭云宗跟在叔叔的后面，小心翼翼地步入皇宫。

“郭四，你后面这小厮是何人？”

郭英回身拱手作揖：“原来是蓝大将军。”郭英听得出蓝玉口中的轻视，故不以永昌侯相称。

“这是小侄云宗。”郭英一边引荐，一边带郭云宗见过蓝玉。

“不必了，既是令侄，纵使无功也入得这宝殿。”郭云宗首战便立下奇功，蓝玉身为副将岂能不知，只是他本是争强好胜之人，所以才会这般放肆。

郭英听蓝玉这样口无遮拦，本想反驳几句，谁料郭云宗抢先说道：“听闻蓝大将军乃开平王的妻弟，无功也入得这宝殿啊！”

蓝玉怒目圆睁，想发怒却又碍于郭英的面子只得作罢。

庆功宴的小插曲过后，郭云宗早已经忘记了这一切。这一年，巡视北疆的父亲应召回到了南京城。父子两人一别数载、此番重逢，郭兴已然两鬓斑白，更添几分沧桑。

自北平从军以来，郭兴父子就聚少离多。人子之道，尽其孝道，郭云宗分外珍惜这段安逸的日子，然而命运却总是无常。

洪武十七年（1384 年）冬，郭兴与世长辞。郭云宗在与兄弟共同安葬父亲之后，辞官在家为父守孝。按照封建礼制，郭云宗需丁忧三年。其间，太祖皇帝几度欲夺情复其原职，均被郭云宗婉拒。

洪武二十年（1387 年），朱元璋获知北元太尉纳哈出拥兵金山（今吉林省双辽东北），屡犯辽东，关河不宁，朱元璋决定发动第五次北伐，彻底降服纳哈出。当此边关吃紧、国家用人之际，朱元璋再度下诏要求郭云宗随大军出征。在忠孝、家国之间，郭云宗只能以大局为重，出征关外。

这一年新年刚过，正月初二，朱元璋就迫不及待地任命宋国公冯胜为征胡虏大将军，颍国公傅友德、永昌侯蓝玉为左右副将，二十万大军挥师北上，平定纳哈出。郭英、郭云宗叔侄二人再次联袂出征。郭英是此次北伐的右参将，而此时的郭云宗已经是六品校尉。

大军沿运河一线径直北上，二月初三，冯胜等人按照太祖皇帝朱元璋的指示到达驻军地点通州（今北京市通州区），短暂的休整之后，大将军冯胜开始盘算着如何歼灭残元势力。

身为一军之帅，冯胜到达通州后没有睡过一个囫囵觉。和血气方刚的蓝玉等人相比，冯胜的身上多了一份成熟和稳重，这也是朱元璋看重的。

大军到达通州之后，面对蓝玉、傅友德等人三番五次的请战，冯胜总是不紧不慢，谁也不知道他的葫芦里卖的什么药。

山前西风紧，关外起塞声。

这一夜，已是亥时三刻，军营内的将士们早已经安歇，忽闻帐外一阵嘚嘚嘚的马蹄声，一匹红鬃烈马奔驰而来，一个蒙古打扮的中年汉子在帐前跳下马。值夜的两个小兵被马鸣惊醒，两人立刻拦下了那大汉。

“快去禀报将军，抓住了一个鞑子派来的细作!”

“我……”那二人哪里由得他分说，拉着他就往冯胜的将军帐来。

“快松手！快!”此时的冯胜居然铠甲着身、衣帽整齐，好似不曾睡去。

“快请左右副将、左右参将还有参赞都到我帐中议事!”冯胜吩咐道。

“可是将军，天色已晚，想必各位将领也已歇息了。”传令兵的话似乎还没有说完，“再说，蓝将军的脾气小的也不敢惹……”

冯胜看到他的脸上写满了委屈和恐惧，便笑道：“你只需告诉蓝大将军，就说有仗打了，他肯定不怪罪于你，说不定还赏你个元宝呢!”

片刻之后，傅友德、蓝玉等众将已经齐聚帐前。

冯胜看众人都已经到帐，便说：“打搅各位的美梦了。”他拱了拱手，“今日连夜请各位来帐中议事，不为他事，只为祗承皇命、征讨胡虏。”

“大将军，你就说吧，这仗要怎么打?”蓝玉性急如火，不等冯胜说完就发问。

“蓝将军，少安勿躁!”冯胜看了蓝玉一眼，继续说道，“刚刚斥候来报，残元太尉纳哈出某部的主力在庆州（今内蒙古巴林左旗索布力嘎）一带集结，我请各位来共同商议此事。”

“这个何须商议?”蓝玉直接回道，“我们就领兵出塞，踏平鞑子!”

冯胜微微一笑，不置可否，而是将目光投向了傅友德：“颖国公有何高见?”

傅友德接过话茬：“大将军，孟子曰：‘天时不如地利，地利不如人和。’如今我大军纵横驰奔两千余里乃至通州，已是强弩之末，末将以为还是在此盘桓数日，一则是为了大军休整，二则是待阳春三月再出兵塞外，以免遭遇不测。”

“颖国公为何长他人志气，灭自己威风!”蓝玉的眼角掠过一些鄙夷的目光。

“众将以为如何?”冯胜看着南雄侯赵庸、定远侯王弼、东川侯胡海等人，谁料众人面面相觑，不知如何作答。

“武定侯，久闻你善作战、有奇谋，你倒是说说。”冯胜把问题抛给了郭英。

“谢将军抬爱，末将以为，为今之计，只有……”郭英的话还没有说完就被人打断了。

“只有趁其不备，出其不意，奇袭庆州!”众人这才忽然发现郭英身旁不知何时站着一个剑眉星目、白面皓齿的年轻人。

“这位少年壮士是?”冯胜问道。

郭英这才拉着那少年走向前来：“这是我的侄儿、陕国公的儿子郭云宗。”郭英一边说一边向冯胜拱手赔罪道：“小侄年少，妄言战事，让大将军和诸位见笑了！”

“叔叔，我……”郭云宗这时涨红了脸。

冯胜看得出郭云宗碍于叔叔在场不敢开口直言，于是就对郭英说：“真是虎父无犬子啊，贤侄有话但说无妨。”

郭云宗看见有大将军撑腰，于是便不再胆怯，他说道：“大将军，之前我大明曾数次与鞑子交手，互有胜负，皆因鞑子生在塞外，长在马背，蒙古铁骑，锐不可当。”

“我以为有何独到之处，不过是纸上谈兵、拾人牙慧！”蓝玉冷笑道，“想我堂堂中华汉有卫霍、唐有李徐，封狼居胥、勒石燕然，何时曾输过他胡儿子！”

“元嘉草草的典故蓝将军该知道吧？”郭云宗的目光从蓝玉转向冯胜，“大将军，洪武五年您和魏国公徐达一起讨伐王保保，我大军误中敌人奸计，死伤惨重，最后只有您的西路军大获全胜，这事儿小侄没有说错吧？”

“我那次也是上赖天恩，侥幸而已。”冯胜说道，“过去的，就不提了。”

郭云宗道：“如今，蒙古骑兵犹在，我们切不可再贪功冒进，以己之短攻彼之长。”

郭云宗的话音未落，蓝玉的脸上青筋暴起。原来，当年跟随徐达一起讨伐王保保的还有蓝玉，他在大战中轻敌冒进，最终中了敌人的埋伏。郭云宗的话虽然没有直接说他，但蓝玉却听出了弦外之音，这是郭云宗在给他留面子。

“依贤侄之见，该如何一战？”

“以彼之道，还施彼身。”郭云宗笑着说。

“哦？贤侄细细说来。”冯胜说道。

“鞑子的骑兵是他们的尖刀，”郭云宗顿了顿，继续道，“这次我们也可以用一支骑兵长驱直入，奇袭庆州城，一举踏平鞑子的老巢！”

“好！”冯胜拍了拍郭云宗的肩膀，“果然是将门虎子！贤侄觉得我大军中谁人可担此重任？”

这时候，郭英向郭云宗递了个眼色，郭云宗心领神会。

“哎……可惜我大明阵中没有霍去病！”郭云宗叹了口气。

“谁说我大明阵中没有？大将军，我愿率兵五千，直捣黄龙，如有差池，军法处置！”

“好！蓝将军果然是我大明的冠军侯！”冯胜笑起来像一口钟，余音回荡在深夜里。

次日清晨，蓝玉便来到冯胜帐中要求发兵五千，直取庆州。冯胜不说话，只是说时机未到。一连两天，蓝玉再三请战，却总是吃到闭门羹。

这一日刚刚五更天，蓝玉早上醒来只见窗外鹅毛大雪，纷纷扬扬。他寻思着平日里大将军都不允许出征，这一次更是不会同意，于是干脆放弃去将军帐中请战。

谁料天不遂人愿，蓝玉本想在帐中取暖，却接到大将军传令要求进帐。蓝玉极不情愿却又不得推脱，只得硬着头皮来到帐中。蓝玉到了阵中，看见冯胜坐在帐中，两边的傅友德、郭英等人已经在列班等候。

蓝玉问道：“大将军，这仗咱们还打不打啊？”

冯胜笑着说："打，今天就打！"

"今天就打?"蓝玉有些丈二和尚摸不着头脑，"大将军，今日大雪纷飞，不宜远征作战。"

"郭贤侄，你给蓝将军说说这大雪是不是不宜作战?"冯胜说话的功夫，蓝玉才发现郭云宗也在帐内。

"蓝将军，你可曾听过唐时李愬雪夜入蔡州的故事?"郭云宗说。

"我蓝某虽然不才，但也不会比不上你这个毛头小子。"蓝玉这么一说，王弼、胡海等人都暗自发笑。

"那蓝将军就给大家讲一讲这个故事吧。"郭云宗也笑了。

"这李愬本是……"蓝玉刚刚开口，却忽然对冯胜说，"大将军，末将这就点兵，拿下庆州……"

从通州到庆州一千三百里路，风雪交加，昼夜兼程，蓝玉的五千骑兵最终趁着夜色打了元军一个措手不及，攻破庆州城，杀北元平章果来，俘虏其子不兰奚。

庆州大捷之后，大明取得了战场上的主动权。

当年三月初一，冯胜率明军出松亭关。此时，郭云宗，这个六品小官在军中不再只是右参将郭英的侄子，而是神机妙算、足智多谋的"小诸葛"。

在大军出松亭关后，冯胜召见郭云宗，以未来军务大事相问。郭云宗说："大将军可曾记得当年朱升在徽州为当今圣上所献三策的前两策。"

冯胜默然不语，于是相继修建了大宁（今内蒙古宁城）、宽河（今河北宽城）、会州（今河北平泉）和富峪（今河北平泉北）四座城池，主力驻兵大宁。原来，郭云宗所说的两策乃是“高筑墙、广积粮”。

在筑造城池、稳定后方的基础上，五月二十一日，冯胜留五万人驻守大宁，亲率大军主力攻打纳哈出的大本营金山（今吉林双辽东北）。六月十九日，明军强渡辽河，将大军开拔至辽河东岸，俘获残元守军三百余人，骏马四十匹，对金山实行合围之势。

《孙子兵法》曰：“不战而屈人之兵，善之善也。”早在此次北伐开始之际，朱元璋就派已投降明廷的原纳哈出部将乃剌吾北上劝降。此时的纳哈出已然是瓮中之鳖，面对大军压境的局面，权衡再三之后，纳哈出决定接受招抚，投降大明。

代表明军受降的是蓝玉。纳哈出率几百骑兵抵达明军大营，蓝玉设宴摆酒招待纳哈出。纳哈出斟酒敬蓝玉，蓝玉喜出望外，脱下自己的战袍给纳哈出。两人推让之际，纳哈出把敬奉蓝玉的酒泼在地上。当时，开平王常遇春的儿子常茂眼看舅舅受到侮辱，一怒之下，拔刀刺伤了纳哈出。如此一来，双方剑拔弩张，形势一发千钧。

此时，大将军冯胜才想起受降仪式前郭云宗曾建议不要用蓝玉的忠言，冯胜悔不当初，立刻改用蒙古降将观童去规劝，至此，纳哈出才顺利招抚，大明军缴获纳哈出的军民二十四万余人，牲畜辎重更是无数。此后，辽东成为明朝控制的地区，最终成奴尔干都司的一部分。

六月底，郭云宗随大将军冯胜等人胜利班师。二十四岁这年，本命年的郭云宗人生处处飘红，风光无限。

第五节　捕鱼儿海战役

金山之役胜利后，冯胜率大军班师入关，朱元璋大喜，派人北上前去迎接慰劳，同时锁拿因刺伤纳哈出而差点耽误北伐大计的常茂。然而命运无常，冯胜还未从胜利的喜悦中回过神来，便被人检举私藏缴获的良马及暗中搜刮北元小朝廷金银珠宝诸事。与此同时，常茂趁机进言，揭发冯胜种种不是，明太祖朱元璋盛怒之下，当即下令收回冯胜的大将军印。

从此，一代开国名将，终于迟暮之年，彻底告别了他的军事生涯，引得朝野上下，议论纷纷，武将文臣，唏嘘不已。

郭云宗听说此事后，义愤难平，急匆匆地跑到郭英处求证。

“四叔，大将军被撤权一事，是真的么？他一定是被奸人陷害的！堂堂宋国公，位极人臣，又岂会贪恋几匹良马和一堆金银?!”

“不错，大将军是被常茂陷害的。”郭英只是平静地陈述着事实，并没有要进一步解释的意思。

“不对，这其中必定有诈。”郭云宗见叔父不悲不怒，失望之情顿时溢于言表，“冯大将军为国尽忠，戎马一生，为大明朝立下多少功劳！如今落得这样的下场，你们同朝为官，难道就没有人替他出头吗？”

“云宗啊，君要臣死，臣不得不死。冯大将军，已属幸运了……”郭英长叹道，“若非圣上授意，一个小小的常茂又能奈他何？”

“四叔！”郭云宗还想再说什么，听了郭英一番话，只好默默退了出去。

铁打的江山流水的将。冯胜虽然被解职，但是大明王朝的驱除胡虏、荡平残元的决心并未改变。

洪武二十年（1387年）九月，朱元璋任命蓝玉为大将军，延安侯唐胜宗、武定侯郭英为左、右副将军，率领十五万大军再度出塞，肃清沙漠，在此一举。郭云宗听说四叔再度出关，天天软磨硬泡，嚷嚷着要上阵杀敌。

在侄儿的一再央求之下，郭英最终带上了侄子。临出征前，郭云宗忽然禀明大将军蓝玉，要求带上降将观童。蓝玉本欲发火，碍于郭英的面子，最终决定让观童随大军一同出征。

此时的北元，在明军的接连打击下，只有招架之功，没有还手之力，节节败退至漠北。再度回归草原的蒙古人继续着逐水草而居的日子，常常居无定所、神出鬼没。

大军抵达通州之后，暂作歇息。蓝玉一方面派出斥候出塞探听北元小朝廷的下落，另一方面亲率大军主力移师大宁城，安营扎寨，日夜操练，只待与敌军决一死战。次年二月，蓝玉获探子来报，北元朝廷已经游牧至喀尔喀湖、捕鱼儿海、克鲁伦河一带。

得知敌军所在，蓝玉顿时喜出望外。三月份，蓝玉亲率大军拔营，由大宁城进军至庆州。

三月的草原，一场大雪过后，远山银装素裹，近树灿若梨花。郭云宗策马奔腾在草原之上，不由得想起了那首民歌："敕勒川，阴山下，天似穹庐，笼盖四野。天苍苍，野茫茫，风吹草低见牛羊。"草原风光旖旎、地肥水美，郭云宗一时兴起，唱了起来。

正所谓唱者无心，听者有意。郭云宗随口哼着小曲，但是大军主将蓝玉听着却不顺耳。原来，这几日派出的斥候都无功而返，北元朝廷像是从人间蒸发了一样，再也没有半点蛛丝马迹。眼见着大军的粮草一天少似一天，蓝玉的心里一团乱麻。但是，他知道自己是主将，千万不能让将士们知道这一切。所以，当郭云宗唱到"天似穹庐，笼盖四野"的时候，他下意识地抬起了头，眼神望着辽远的北方，却只见天苍苍，野茫茫，寒风吹过，何曾有半只牛羊?

此时，大军已经远远地可以看见庆州城，蓝玉本欲发怒，忽然想起一年前郭云宗雪夜袭庆州的奇谋，最终平复了自己的怒火。

入夜。将军帐中，蓝玉一个人在帐内踱来踱去。也不知道是怎么回事，一向爱兵如子的大将军居然无端斥责帐前的侍卫们。他们哪里知道，因为粮草问题，大将军蓝玉此刻正是心如汤煮。

"报——"这时候，一个侍卫闯进帐中，"禀将军，郭公子帐外求见。"

"我都说了，今天谁也不见!"蓝玉的脾气侍卫们是知道的。

他不敢多言，正欲退出，忽然被大将军叫住了。

“你说谁求见？哪个郭公子？”蓝玉忽然问道。

“还能有哪个郭公子啊？”那侍卫也是有些不解，“就是武定侯的侄子郭公子。”

“快，快请！”蓝玉喜出望外。

郭云宗还未走进帐中，蓝玉早已经是出帐相迎。

“大将军，您这是……这是折煞小侄了！”郭云宗看到蓝玉亲自迎接，一时间有些不知所措。

“应该是我三顾茅庐才对啊！”蓝玉笑道。

二人说话之际，已经携手走进帐内。“云宗啊，我知道你是来帮我的。”蓝玉请郭云宗上坐。

“这可使不得啊！”郭云宗再三推辞，还是被蓝玉一把摁在了座上。

“贤侄，你是个聪明人，我呢，也是个直肠子，”蓝玉笑道，“我也就不绕弯弯了。”

蓝玉一边说一边偷偷地往外瞟了一眼。他压低了声音：“云宗啊，你可知道，军中的粮草最多只能用一个月了。”

“大将军，我知道。”郭云宗笑着说。

“贤侄，你怎么还笑呢？”蓝玉的语气透出一份无奈，“若是再找不到鞑子的下落，我这一趟不就白忙活了吗？我还有什么脸面回去复命呢！”

“大将军，莫急。”郭云宗笑着说，“鞑子不出来，咱们上门请他们。”

“贤侄莫取笑了，”蓝玉瞪了他一眼，“为今之计，人都不知道在哪儿，还怎么请呢？”

“敌动我不动，敌不动则我动。”郭云宗说道，“大将军，我们只要使出引蛇出洞之计，定可找到鞑子藏身之所。”

“茫茫的戈壁、无边的草原，找到鞑子无异于大海捞针。”蓝玉长叹了一口气。

“大将军，如今鞑子之所以藏匿不出，只因我大军也在暗处，他不敢轻举妄动。”郭云宗看了看蓝玉，又道，“将军只需明日起浩浩荡荡、大张旗鼓，这样鞑子闻讯必定有所行动。”

“那我军行踪岂不是尽为他人所知？”蓝玉不知道郭云宗的葫芦里卖的什么药。

“大将军，您只需派出一支偏师……”郭云宗的话还没有说完，蓝玉大叫一声：“妙啊！”

次日，蓝玉便派出一支偏师佯装主力大摇大摆一路向北，而大军继续隐蔽疾行，只待北元军队自乱阵脚、暴露行踪。果然，十五日后，斥候回报北元当局在捕鱼儿海附近出没，蓝玉决定主动出击，歼灭元军。

从庆州到捕鱼儿海，一路上大军数次受到小股元军的袭扰。蓝玉本欲追击，郭云宗却制止他道：“大将军，射人先射马、擒贼先擒王，且莫理会那帮喽啰，当务之急，是以最快的速度抵达捕鱼儿海！”

蓝玉听从了郭云宗的建议，下令大军加速前行，兵不卸甲、马不离鞍，日夜兼程，终于在四月初九，顺利抵达幽魂南道，却因身处荒漠，水源难寻，一时饥渴难耐，众将焦躁难安，负面情绪在军中蔓延开来。

众人一筹莫展，蓝玉进退维谷。此时，郭云宗主动求见。蓝玉远远地看见郭云宗身后还跟着一个大汉，待那人走近后才发现原来是观童。

“我怎么把他给忘了！”蓝玉这才想起当年在金山之役之后，受降仪式上一度剑拔弩张，多亏了这名北元降将。观童向蓝玉请命，愿意带领五十精兵去周边寻找水源。

蓝玉尚有疑虑，郭云宗却开口帮腔道：“蓝大将军，观童贯擅沙漠作战，且熟知此处地形，派他去最合适不过。他既诚心归降，必不会舍本逐末，做出逾矩之事，还望将军放心。”

郭云宗明白，此时正是观童表现的最佳时机，当初他苦劝蓝玉临行之时带上观童，正因心知沙漠战情诡谲多变，而观童的存在，可以有效避免明军走弯路，让行军变得相对容易一些。没想到，曾经多了一层防备的心思，如今竟真的派上用场了。

蓝玉思量片刻，心道：“大敌当前，若未歼灭敌军，先行折损了自己的兵将，那传出去岂不是闹了大笑话？既然郭云宗这小子次次料事如神，且死马当活马医了。再不济，也有个人顶着。”

得到蓝玉的许可之后，郭云宗随观童一起，带军中五十精锐兵士，在细细研读完地形图之后，循着蛛丝马迹，终于在一日之内找到了水源，及时解救大军于危难。

直到这一刻，蓝玉才明白，当初郭云宗苦苦坚持，甚至软磨硬泡，不惜借着叔父武定侯的名号来恳求自己带上观童远征大漠的用意。

两日后，大军抵达百眼泉，此地距离捕鱼儿海仍有四十余里，但元军仿佛人间蒸发了一样，突然集体神秘失踪了。四月的塞北，飞沙走石，遮天蔽日，将士们长途跋涉，早已累得苦不堪言，连蓝玉的内心都起了波澜。他决定召集众将商议是走是留。

在蓝玉的将军帐内，广大将士士气低落，蓝玉一时犹豫不决……

郭云宗见状，怒从中来，他站起身来，朝着蓝玉冷漠地行了一礼，义正辞严地问他道："大将军可还记得十二年前那些枉死在王保保屠刀下的英魂？"

仅仅这一句话，便激起了蓝玉心中沉埋已久的复仇之火，他当即下令："诸将听令：大军原地驻扎，没有本将军的命令，任何人不得擅离职守，违令者，斩！"

大军驻扎之际，诸将正在营帐中围炉取暖。

郭云宗悄悄指了指火苗乱窜的炉灶，蓝玉会意，立刻接过话问道："你的意思是——要我军效仿孙膑的减灶退敌之计？"

郭云宗摇头道："不然，末将所说，恰恰相反，是掘地生火。此计一来，可避免浓烟直冲云霄，自暴行迹；二来，在隐藏我军行踪的同时，亦可借此查看敌情。只需遣斥候稍作打探，便能发现元军的踪迹。"

"妙啊！"蓝玉听得拊掌叫好，当即下令让斥候关注四方动静，一有敌情迅速来报。

蓝玉摩拳擦掌，只等时机成熟，便将元军大营一举端掉！

果然，按照郭云宗的指示，次日黎明斥候来报，于东北方向八十里处发现有北元军队出没。于是蓝玉命令王弼当先锋，快速行军，直逼敌营。

北元皇帝脱古思帖木儿原以为明军经长途跋涉，水源奇缺且地形不熟，会被严酷的环境阻隔于行军路上，却不料栽到了料事如神的“小诸葛”郭云宗手上。

当大明军队浩浩荡荡行至北元都城附近时，突然大风四起，黄沙飞扬，白昼如昏。

蓝玉与诸将仰天长笑：“哈哈哈，果然是天佑我大明啊！兄弟们，荣华富贵、血海深仇，就在此一战了！”

当风沙过去，一切如常时，毫无准备的元军主力就这样赤裸裸地暴露在明朝十五万大军面前，这变数来得猝不及防，元军瞬间惊慌逃窜，溃不成军。唯有太尉蛮子和太师哈剌章仓促迎敌，勉力支撑着奄奄一息的北元军队。鞑子终因不敌，瞬间化作了定远侯郭英的刀下亡魂。而哈剌章带着余部在外辗转作战十余天后，最终被明军击败，从此下落不明。

哈剌章和蛮子两人在岭北并肩作战十多年，却在捕鱼儿海一战中双双落败，至此北元正规军被大明全数剿灭。北元皇室几乎遭遇一锅端，只有皇帝脱古思帖木儿和他的太子匆忙逃窜。

一百年前，在忽必烈铁骑的追击下，陆秀夫背着宋末帝赵昺壮烈殉国。一百年后，郭云宗帮助蓝玉驱除鞑虏，恢复中华。此战过后，成吉思汗家族在草原的统治彻底走向没落，蒙古内部之间分崩离析，再也无力对抗中原。

班师回朝的路上，郭云宗亲眼目睹他钦佩已久的蓝大将军强暴了北元皇帝的正妃，同时又纵兵毁关，想起一年前冯胜同样的所作所为，年轻的郭云宗开始对战争产生了厌倦之感。

大军路过参合陂的时候，他看见一处荒丘，忽然想起一千年前慕容垂英雄迟暮，在这里战败，而今仍是白骨累累，他忽然顿悟了父亲说的那句话……

第六节　郭振袭职

捕鱼儿海归来，郭云宗已在朝中小有名气。

在叔父郭英的一力举荐之下，郭云宗结识了许多当朝权贵，上至王孙贵族，下至诸侯战将。

可是对郭云宗而言，结识也仅仅是结识，他无意于富贵荣华，无意于高官厚禄，这一点，倒让郭英很是头疼。单凭这一点，郭云宗像极了他那位嗜酒如命、昏昏欲睡的三哥德成。然而云宗在战场上的表现，却分明继承了自己和二哥的所有优点，他智勇双全，打起仗来也是拼了命的狠，颇有种舍我其谁的霸气与威武。

他的这位侄儿，当真是世上难得的一名将才，可是……

郭英决定再劝劝他。

“云宗啊，你就算不为自己着想，也要为郭家一脉想想。你不是不知，你爷爷生前，可是盼着郭氏一族封王拜相啊!”一向干脆利落的郭英，不知为何，变得苦口婆心起来。

“哈哈，四叔今日怎么转了性子?”郭云宗猜到他的意图，索性打趣他道，“这话适合父亲说，不适合您说。”

“你随我征战，也不是一日两日了。从十八岁那年，你我共历大小战役无数，你帮我出了点子，打了胜仗，却从来不居功自傲，哦不，是从不将这些军功据为己有。我大明朝对武将，向来只论军功行赏，你一无所求，那参军到底是为了什么?”郭英一口气说出了自己多年的疑惑。

仗，他当然能打。可是有侄儿郭云宗陪同征战的那些日子，打仗变得轻而易举。有时候他自己想来都有些后怕，这个后生这样强，若是悉心培养，功劳必不逊于自己和二哥。可若是一朝不慎，入了歧途，这强大的力量恐怕也是无人能敌。如今二哥已经去世，这孩子以后的路还要靠自己勤加引导了。

“一将功成万骨枯。”郭英还在沉思，却听见郭云宗语气黯然道，“四叔，我不愿再赴沙场了。”

“你不是喜欢打仗么?”

“那是从前。”

“现在呢?”郭英好奇道。他不明白，是什么让这个好战的少年一夜之间变了模样。

“父亲说，军人无仗可打才是好年景。我以前不明白，后来，看过那么多无家可归的百姓、颠沛流离的平民，才真正读懂父亲这句话。两国交兵，受苦的，唯有黎民百姓啊！若是带兵之人都不能心怀天下，那这天下，纵是得来，又有什么意思呢?”郭云宗淡淡地说着，身上有种与这个年龄不符的通透感。

郭英沉默了，他知道再也劝不回郭云宗了。

原来，自己忙碌一生，疲于奔命的官职与荣誉，在这个二十六岁的侄儿眼里，分文不值。

郭云宗婉拒了四叔郭英的提携，这个决定，催促他不得不立刻为自己谋一条生路出来。于是，辞别了家人，郭云宗开始外出云游，寻找适合自己的路。

这二十六年来，他活在父亲“巩昌侯”和四叔“武定侯”的光环之下，一路备受呵护，几乎没有受过太大的挫折。他觉得读书容易，打仗有趣，没有什么能难倒自己。也正是这股自信，促使他鼓起勇气，随父亲和叔父远征各地，所有纸上谈兵的自信在见过真刀真枪的较量之后，以另一种稳重的形式重现于庙堂江湖，所有人都等待着自己大展身手，刷新大明王朝的新人纪录。

他却选择在这个时候离开，去看看外面的世界。从此，他将不会建功立业，出现在大明朝的史书之上，包括那些战斗的过往，他将所有的功劳都让给了别人，以一种海纳百川的包容之心，将过去一笔划去，重新开始找寻一条适合自己的出路……

而此时的大哥郭振，也在拼了命地寻觅着属于自己的路。

与弟弟郭云宗相比，大哥郭振好像每一项都不如他——骑马射箭，刀枪剑术，诗词歌赋。他们甚至，都没什么交集。

他唯一的优点，就是长子。

他还记得，那一年父亲封侯，母亲汪氏几乎每天脸上都挂着笑意，她总是会不小心说漏了嘴。

她说：“振儿，你以后可是要继承侯位的人啊，咱们郭家以后，就全靠你了啊。”

郭振很听话，他似懂非懂地点了点头。

母亲一直说啊说，时间一长，连郭振自己都觉得，父亲的侯位，迟早会是自己的。既然有朝廷赐予的无限恩宠，为何还要同弟弟云宗分个胜负呢？胜——总是他的。

于是，郭府再也看不到年幼时仍奋发向上、秉烛夜读的大少爷了。

他的学识停留在很久以前，愿望却膨胀到了数十年后。郭振算不得纨绔，也算不得废物一个，顶多是个老老实实、有点野心的庸人罢了。

当郭兴去世，全家都沉浸在悲痛之中时，唯有郭振，在认认真真，仔仔细细地审视自己的内心。

父亲去了，侯位唾手可得，可是自己……有胆去坐么？他战战兢兢，方寸大乱，突然很想找人说说话，可是转身回头，却不见年幼时一直陪在自己身边聒噪的小云宗了……他们曾经一起并肩，读书习武，嬉笑怒骂，云宗待自己，一直都那样好，可不知道从什么时候起，二人就这样渐行渐远。郭云宗喜欢上阵杀敌，保家卫国，郭振也喜欢，可是他清楚自己做不到，所以只能守在家中，等着父亲和兄弟回来，或许，还在等一个恩赏。

洪武二十二年（1389 年），陕国公郭兴之子郭振袭巩昌侯位。

侯门一入，深似海。

人生走到了辉煌的顶点，却又好像，退回到最初的原点。

纷至沓来的问候和杂乱纷繁的人际关系，在郭振看来，犹如一张巨网，将他紧紧包裹。他想找个人帮帮自己。父亲已逝，唯有四叔郭英还在朝中效力……

仿佛抓住了一根救命的稻草，郭振开始频繁出入武定侯府。

郭英看着挣扎在巩昌侯这个虚位上的郭振，一边帮扶着他，一边想起当年二哥郭兴的担心来——

“若是振儿有云宗一半的机灵，我也不至于忧心至此。怕就怕有朝一日，我大去之后，这虚空的侯爵之位保不住他啊!”

“果然，二哥所料分毫不差啊。云宗是真聪明，无官一身轻呀。我也该退了……”时年五十四岁的郭英，望着郭振的背影，不由得忧心忡忡。这孩子的天资本来不差，却因后天疏懒放纵，心智渐失，再怎样培养也于事无补了。若是云宗在的话，他一定有办法。

想到郭云宗，郭英面露微笑。

谁也无法预测，每个人的将来会怎样，但却可以自己来改写。

在外游历已半年的郭云宗，正风尘仆仆地赶回南京城。他不知道，此时的南京城里，有一场天大的祸事正在等着他……

第 三 章

祸从天降　避难贵州

第一节　胡惟庸案

洪武二十三年（1390 年）初春，乍暖还寒。南京城内弥漫着肃杀的味道，在过去的十年间，这座六朝古都似乎从来都不曾平静，血腥和杀戮一直笼罩着秦淮河畔，这一切都要从洪武十三年（1380 年）的正月初五开始说起。

那一年，十七岁的郭云宗刚刚从临清练兵归来，跟随父亲驻守北平。自洪武元年（1368 年）大将军徐达攻破齐化门之后，这座曾经繁华的大都就失去了往日的荣光。从帝国中心到北部边陲，大都的地位一落千丈。入了腊月，一场大雪过后，北平城渐渐地热闹起来。贩夫走卒之辈、引车卖浆之流，一时间让冷清的北平城有了些许的生气。郭云宗对这里的一切都充满了新鲜，每天总是偷偷溜出来。

正月初五，郭云宗一大清早就赶到白云观去看庙会。喝上一碗热乎的羊杂汤，然后再来一盘甜香的艾窝窝，郭云宗和这座城市一样沉浸在元日的气氛中。

此时，远在千里之外的南京，一场巨变正在悄然袭来。这一日，太祖皇帝朱元璋忽然接到一份奏报，然后就喜出望外地出了西华门，直奔丞相胡惟庸家而来。

原来，胡惟庸所奏不为别事，只因府宅中的一口枯井忽然泉水汩汩而出，并伴有淡淡的酒香，见多识广的胡惟庸顿时喜形于色——天降甘露、地出醴泉，此乃祥瑞之兆。他一面差仆役奏报皇帝，一面做好迎驾的准备。

相府距离皇宫不过一盏茶的距离，朱元璋接报之后就摆驾出宫，御辇浩浩荡荡地出了皇城。皇帝的车辇疾驰而过，闲杂人等都避而远之。刚刚出了西华门，一个小太监忽然冲出来一把就拽住了缰绳。那马受了一惊，立刻嘶鸣起来。

“有刺客！速速捉拿！”车中的朱元璋本在兴头上，忽然看见有人居然拦御驾，不由分说就喝令左右卫士将刺客拿下。

侍卫们三拳两脚便将小太监摁倒在地，可是无论怎么拳打脚踢，小太监却始终不肯松开手里的缰绳。几十名侍卫怒火中烧，利剑正要出鞘，朱元璋忽然阻止了他们。

“且慢，留他性命，朕要亲自审他！”朱元璋顺势就要下车。

一众侍卫有些不解，齐声劝谏：“陛下，此贼甚为凶悍，切不可靠近！”

“退下！”朱元璋此时已经下车，众人见状渐渐地退让出一条路来。朱元璋走到小太监面前，只见他早已经皮开肉绽，蜷缩着身子躺在地上，右手死死地攥着缰绳，口中不停地呜咽着，却不知说些什么。

“你是何人？为何要拦这御驾？”朱元璋的眼睛直直地看着地上的太监。他早已经说不出话来，只见他左臂手肘撑地，用手指着城西。

朱元璋顺着他的手看过去，“你是说……”朱元璋若有所思，他的眼神穿过街道边的枯树，远处胡惟庸的丞相府若隐若现。

“朕在问你话呢。”朱元璋此时回过头，发现缰绳从小太监的手中缓缓滑落，小太监口中只有出的气，没有进的气。朱元璋此时站起来，转身回到车上，厉声吩咐左右：“一定要把他给我救回来!”

“陛下！他是刺客!”众侍卫有些不解。

“回城!”朱元璋不回答他们的问题，当即令车夫掉转马头回到城内。

朱元璋进了西华门，便令车驾全部停下。他只身一人登上城楼，向着城西的方向眺望而去。他凝视了足足有一炷香的时间，然后转身下楼。

这一天，南京城异常的寒冷。朱元璋下楼之前，反复地整理自己的黄袍——他也很冷。回到宫城的朱元璋立刻下令逮捕丞相胡惟庸，当天便以枉法诬贤、蠹害政治之罪将胡惟庸及其同党陈宁等人处死。

原来，拦御驾的那人不是刺客，他是西华门内当值的小太监，名叫云奇。当日他获知丞相胡惟庸想假借醴泉谋害当今圣上，因此才舍身拦驾，这便是历史上著名的“云奇告变”。

太祖皇帝是从马背上打下的江山，因此当日所见云奇之情形，心中已经明白了七八分。此后，他登上城楼，远眺相府，只见胡惟庸藏兵复壁间，刀槊林立，只待自己到府之后便相机行事，刺杀天子。因此，朱元璋先下手为强，立刻遣羽林卫发兵捉拿胡惟庸。

丞相胡惟庸被满门抄斩的消息传到北平的时候，已经是早春二月。朝堂突然遭此大变，让年少的郭云宗感到世事难料。郭云宗虽然与胡惟庸之间并不相识，但是胡惟庸专横跋扈、擅权谋私的事情郭云宗也曾听过不少，可是刺杀皇帝是诛灭九族的大罪，他始终不理解丞相为何要谋刺皇帝。他想要问父亲却又不敢问，于是他就想到了四叔。

这一日，郭云宗主动来到郭英的家中。他先是东拉西扯地和四叔聊了会临清练兵，然后就开始说上了北平城的各类美食。

郭云宗一直说个不停，郭英只是笑着，偶尔附和上两句，再也没有半句多余的话。眼看着过了半晌，郭英对侄子说："云宗，你可还有其他事情？如若无事，我还要去练功，切不可荒废了。"

"四叔，我……"郭云宗满肚子的疑惑，可是话到了嘴边，却不知如何开口，"四叔，我没事，没事……"

"好的，那我练功去了，你我叔侄他日再闲叙。"郭英起身便要走。

"四叔，等等，我想问一个问题。"郭云宗还是按捺不住心中的疑问。

"好的，有什么问题？"郭英回过身来，满脸堆着笑地看着侄子。原来他早就知道自己的侄儿是无事不登三宝殿，所以才故意佯装离去。

郭云宗看见四叔在笑，这才知道自己的心事被四叔看穿了，脸瞬间就红到了脖子根。他硬着头皮问道："四叔，听说南京城里发生了大的变故？"郭云宗小心翼翼地问着，生怕四叔会生气。

郭英道："你说的是丞相胡惟庸被处死的大案吧。"

听见四叔直接说出了胡惟庸案，郭云宗的心情稍稍有些平复。“四叔，你说丞相谋逆的事情是真的吗？站在城楼上真的能看见相府内的刀斧手吗？云奇又是怎么知道丞相要谋反的呢？”郭云宗一口气说出了心中所有的疑惑，然后急切地等着答案。

“云宗，看来你也知道了。云奇告变这样的故事也就是骗骗那些山野村夫，纸是包不住火的。”郭英顿了顿，看着自己的侄儿，继续说道：“云宗啊，你说的很对，站在城楼上又怎么能看见屏风后的刀斧手呢？云奇一个小小的太监怎么可能知道这等机密？”

“四叔，你的意思是云奇告变难道是假的吗？”郭云宗的脸上写满了震惊，“那这一桩大案难道也是假的？”

“云宗，这个世界上没有是非和真假，”郭英叹了口气，“胡丞相还是没有逃过此劫啊，皇上还是棋高一着啊。”

郭云宗看着四叔，感觉他像是在和自己说话，又像是自言自语。

“胡惟庸虽然嫉贤妒能、大权独揽，但绝不是谋反叛逆之徒啊。”郭英忽然扭过头来，对郭云宗说，“侄儿可知道郑伯克段于鄢的典故？”

郭英所说的是春秋时期郑庄公处心积虑、姑息养奸，最终除掉胞弟公叔段的故事。

郭云宗点了点头，而郭英则是打开了话匣子。

原来，胡惟庸是韩国公李善长的同乡，早年跟随朱元璋起兵，但是一直不温不火，未能得到重用。后来，依靠着李善长的提携和庇护，在洪武皇帝登基以来竟然得以步步高升。洪武三年

（1370 年），胡惟庸任中书省参知政事；洪武六年（1373 年），胡惟庸升任右丞相；四年后，胡惟庸再度被擢拔为左丞相，成为名副其实的一人之下、万人之上。当时，右丞相汪广洋沉溺酒色、不理政事，渐渐地大权被胡惟庸一人所揽。

胡惟庸为相七年，飞扬跋扈，独掌生杀大权。他时常拆阅呈给皇帝的奏折并径自处理，对不利于自己的奏折隐匿不报，独断官员的生杀升黜大事。胡惟庸是明朝开国功臣中淮西集团的重要领袖，他在朝廷中不断培植私人势力，并拉拢军界。于是，在丞相的身边，渐渐地出现了一个文臣武将齐集的小集团。

对于胡惟庸的所作所为，朱元璋看在眼里，记在心里。但是他始终隐而不发，在等待着一个合适的机会。像是一个高明的剑客，轻易不出手，出手则一击毙命。

洪武十二年（1379 年），胡惟庸的儿子在南京城内驱车疾驰而过，最终车毁人亡。丧子之痛让胡惟庸失去了理智，他将儿子的早逝迁怒归罪于车夫并将其处死。在明初时期，权贵阶层杀死平民百姓是常有的事情，但是王子犯法，几时曾与庶民同罪？胡惟庸以为这不过是人生的一个小插曲，谁知却演绎成了悲怆的命运进行曲。

朱元璋梦中的机会来了，他一边责令胡惟庸杀人偿命，一边却按兵不动，并不捕杀胡惟庸。这招打草惊蛇的妙计果然奏效，胡惟庸狗急跳墙找来同党陈宁、涂节商议谋反。孰料涂节在洪武十三年（1380 年）正月初二朝堂之下告发胡惟庸，朱元璋大怒下令将胡惟庸、陈宁并首告之人涂节一并处死。

郭英一口气说了这么多，郭云宗听得心惊肉跳。原来，皇帝这样的心机和城府恐怕无人出其右。“四叔，”郭云宗还是有些不明白，“这么说，胡惟庸确实谋反了？”

郭英看着天真的侄子笑道：“皇上要杀的是丞相，所以胡惟庸必须死。”

郭云宗说：“丞相不就是胡惟庸吗？”他越听越糊涂。

“胡惟庸是丞相，可丞相不都是胡惟庸啊。”郭英苦笑道，“当今圣上英明神武，但是只生性多疑。他一直在取消一千多年的丞相制度，可是一千多年的旧制，如何说改就改？”郭英继续说道：“所以皇上就故意纵容胡惟庸，为的就是有这么一天，彻底消灭丞相制度。”

郭云宗说：“四叔，这么说胡惟庸罪有应得，只是皇帝也太糊涂了，听说只要与胡惟庸来往密切的官员都被抄家灭族，现在已经杀了几千人了。”

郭英笑道：“云宗，你还是太年轻了。”

郭英这么一笑让郭云宗浑身都觉得不自在：“四叔，你觉得皇上这么杀人对吗？”

郭英说：“皇上岂不知道哪些人是胡党，他想杀人只需要一个借口，哪里还需要对错？”郭英长舒了一口气，“韩国公李善长、诚意伯刘伯温为什么都早早地告老还乡？因为他们知道自己的资格老、根基深，所以当今圣上也忌惮他们。我和你父亲都是当年最早跟随皇上的二十四人，唉！”

那一日的谈话，像一坛记忆深处的陈酿，郭云宗此后经常回忆并细味叔父的每一句话。

胡惟庸案过后，皇帝果真废除了千百年来的丞相制度。胡惟庸死后，他的罪名居然不断增加，从擅权植党到意图谋反再到暗中通倭，每一次胡惟庸被拉出来鞭尸，总有一群开国功臣、王侯将相被卷入这场无尽头的杀戮之中。南雄侯赵庸、荥阳侯郑遇春、永嘉侯朱亮祖等人相继被牵连其中。十年间，太祖皇帝以胡惟庸案为由，相继处死三万余人。

十年间，郭府也在发生着巨变。洪武十七年（1384 年），郭兴去世。太祖皇帝追赠陕国公，并谥宣武。洪武二十二年（1389 年），郭云宗长兄郭振袭职巩昌侯；叔父郭英也在统一云南之后受封武定侯。

在对功臣的清洗中，郭家不但得以保全，反而步步高升。郭云宗知道，父亲和四叔虽然没有波及，但是他们始终战战兢兢、如履薄冰。

因此，从捕鱼儿海归来之后，他选择了云游。在南京城的日子里，他总是喜欢独自一人登上钟山，凭栏远望。不知从何时开始，曾经澄江似练、翠峰如簇的金陵不再让他心驰神往。

南京的黄昏，寒烟衰草，残阳如血。

第二节　劫后余生

洪武二十三年（1390 年），郭云宗外出云游归来。一进南京城，便发觉整个都城气氛诡异。

城中的平民百姓依旧有条不紊地做着自己的营生，却时不时有人惊慌失措地来回逃窜，更有锦衣卫紧追不舍，满城抓人。再细看那些被追之人，虽然已经换上了平民的衣服，却个个长得眉目清秀，隐隐有贵气流露，遇上落单的锦衣卫时，有人还会试图反击。

郭云宗停下脚步，朝那动手的两人看去，一个是眉目清秀的少年，一个是身手矫捷的中年护卫。少年显然缺乏实战经验，多次被中年护卫逼到角落里，却也看得出来，那少年武功底子不错，总能于危急时刻化险为夷，中年护卫一时半会儿竟也奈何他不得。

郭云宗看了一眼那少年，恰巧与他四目相对，不由得大惊！正欲细问之时，只见少年一个转身腾挪，飘至郭云宗身边悄声道："云宗兄弟，救我！"

"你怎会在这里？"郭云宗有些难以相信，眼前的旧识原是赫赫有名的韩国公李善长的儿子——李海，怎会突然被人追杀至此？莫非……是朝中又出了大事？

他还欲多问，却见那中年护卫杀了上来，李海左支右绌，因体力不济而逐渐落于下风。郭云宗二话不说，一把夺过李海手中的刀，便上前与那锦衣卫斗了起来。

而这边，李海已是满头大汗，气喘吁吁。他感激地看了郭云宗一眼，然后默默地退到一旁，等着他速战速决。郭云宗的名头李海不是没有听过，当年庆功宴一别，他们私下还有些往来，两人皆出身将相之家，性格豪爽，大有相见恨晚之感。当年，郭云宗为父守孝，李海还特意赶往巩昌侯府探望劝慰，郭云宗大为感动，只因守孝期满后便连年征战在外，彼此间便少了许多联络。如今乍然相逢，还未来得及问候，便要同锦衣卫刀兵相见，好在自己换的是平民百姓的衣服，且长途奔波之后，面色有些微变化，那对手的锦衣卫也未能认出他的身份。

看李海如今落魄的情状，那韩国公府上定是出了大事，若不尽快解决此人，待锦衣卫的大部队赶到，两人要逃出生天便难上加难了。思及此处，郭云宗加快了攻势，刀刀凌利，直往那护卫的命门上刺，不出片刻，那人已经无法招架，索性扔了手上的兵器，站直了身子等死。郭云宗并不杀他，只是一拳击在那人脑后，那人便瘫软在地，不得动弹。

而一侧的李海早已缓了过来，他快步上前，迅速抢过郭云宗手中的刀，直往中年护卫身上刺去，瞬间，鲜血横流，附近的百姓见死了人，皆大叫着四散逃开！大部队的锦衣卫闻讯，也火速朝这里奔来！

“你……”这一切发生于电光火石间，郭云宗拦他不住，只好连连叹息，携了李海就往无人处逃去。

“究竟出了什么事?”待行到一处僻静地，郭云宗终于能停下脚步喘口气，忍不住问起他来。

“云宗兄弟，朝中发生了这么大的事情，你竟一无所知?”李海难以置信，以他对郭云宗的了解，再加上郭英的关系，朝中一有任何风吹草动，他都应是最先得知的那一个，怎的这次……

“实不相瞒，年初至今，我一直在外，朝中之事，不得而知。莫非出事的是令尊……”

“不!不仅仅是父亲，当今皇上要诛我李氏满门啊!”李海说着，忽然激动起来，“我李氏一门对朝廷忠心耿耿，却不想父亲垂暮之年，还要遭此奇辱，天理何在?!”

李海双拳紧握，怒目圆睁，恨恨地道:“谁人不知，这大明朝的江山，若没有我父和一众功臣，他朱……”

“隔墙有耳，我们回府再说。”郭云宗听这事态不妙，心知李海正在气头上，不愿多生事端，当场便制止他道，“此处距巩昌侯府不过一街之隔，我们还是先避开追兵，再从长计议。”

听到“巩昌侯府”四个字，李海脸上一抹忧色划过:“云宗兄弟，听说此案牵连甚广，恐怕郭府亦免不了……”

“快，随我回府!”听完这句话，郭云宗大惊，李海向来不是信口胡诌之人，他这么说必有依据，此刻，郭云宗才意识到，恐怕李善长案涉众之广，远非自己所能预料，他片刻也不敢多耽，拉着李海就往家中走去。

巩昌侯府外，一切如常。

李海见府外并无异常，长舒一口气道：“原以为贵府难免于难，现在看来，事情另有转机啊。云宗，我们走！”

“慢着！”郭云宗忽地停下步子，拉着李海同自己在侯府附近的一幢房屋后躲了起来，这才缓缓说道，“不太妙。”

“什么不太妙?”李海不解。

“有埋伏。”

“啊?!”

“有条路可通往府内，你随我来。”一语未毕，郭云宗便起身往侧门的方向走去。

李海原以为郭云宗要带自己走侧门，却见他在两人就要接近侧门时往右转到了一座石狮子跟前，然后轻旋狮尾，脚下的青石板豁然大开，让出一条秘密的地下通道来。

郭云宗递了个眼神给李海，后者会意，二人便沿着通道往地下去了，待进到通道内部，郭云宗这才启动开关，将地面上的入口关闭。

由于通道内太过黑暗，难以辨清前行的路，郭云宗从身上掏出一个火折子，将通道两侧的斜挂在墙上的灯都燃了起来。二人往前走了不到一里，突然听到乱哄哄的人声。

“快，躲我身后！”郭云宗朝着李海暗喝一声，自己则冲到他面前，徐徐摸索着前进。

待郭云宗走到密道底部时，周遭燃起的明晃晃的火把的火光忽然射在了他的眼睛上，让他一时半会儿有点适应不过来。郭云宗还未看清楚眼前的情况，便听得熟悉的声音在唤他：“云宗，孩子，是你回来了么?”

“母亲!”郭云宗听得这声音，可不是生母陈氏又是谁？一时悲喜交加，匆匆拜倒于地，“孩儿来迟，让母亲受苦了！是儿不孝!”

“回来就好，回来就好啊!”两鬓斑白的陈氏佝偻着身子，眯着一双老眼扶起远道归来的儿子，忽然泪流满面，“为娘，终于等到你回来了……”

母子重逢，如同劫后余生。

来不及与母亲叙旧，郭云宗便细细打量起眼前这个地方来。这是密道底部最为开阔的地方，严格意义上来讲，算得上是一间颇为宽敞的厅房，一应起居用品都备得齐全，面积之大，足可容纳上百人。当年郭兴建府之时，故意修了这么个密道，原是为家族避难所用，没想到今日真的派上了用场。

除了母亲陈氏以外，大哥郭振及其母汪氏，还有巩昌侯府的所有家奴，都聚集在这里。他们有人蜷缩在角落里，不知是因为惧怕还是因为寒冷而瑟瑟发抖；有人跪在地上时刻不忘伺候着主人起居；也有人明着侍立在侧，眼睛却无神地盯着密道上方，盼着祸乱尽快停止……

“大哥，府中出了何事？”郭云宗缓过神来，想起大哥郭振也在人群之中，想着他会知晓一二，便径直向他发问道。

“我……我也不知。”郭振看着兄弟归来，心中欢喜又焦虑，然而对于郭云宗所提之事，他竟毫不知情。

“那你告诉我，郭府诸人，为何全部避难于此？”郭云宗叹了口气，没想到大哥郭振在关键时刻会一点儿忙也帮不到自己。

“昨日，接到四叔托人带来的急信，说是朝中出了点事情，命府中上下人等悉数藏于这密道之内，三日内，不可轻举妄动，否则大祸必将临头。我接到信以后，不敢迟疑，一切全依四叔吩咐做了，没想到……”郭振的话语中透出几分悲痛。

“没想到什么?”

“没想到四叔夜里便带人来围了侯府!”郭振说到这里，咬牙切齿道。

“你是说，这埋伏在郭府的人是四叔所派?”

“不是他，还能有谁?”

“大哥，你误会他了。四叔这么做，定然事出有因，他不是那种人。我猜想，昨天夜里围攻侯府之人与今日设伏之人不是同路。”

“哦? 此话怎讲?”

“其一，四叔既然有意解救郭府上下，便不会带人来袭。其二，大哥有所不知，这密道是父亲当年私下着人修建，我也是无意中悄悄发现的，而知道这密道存在于世的除了父亲，便只有四叔了，他若无心帮忙，便不会在危难之际指路于你。”

“这么说，倒也有些道理。”

“总之，事态究竟如何，我们回府中一探便知!”郭云宗说着，突然想起还未介绍李海给诸人认识，于是呼他上前，介绍给郭振及二位母亲：“这位是韩国公李善长的八公子——李海。”

只见众人一听“李善长”三字，皆面现惧色，无一人答话。李海讪然，只好向二位长辈长揖一礼道：“小辈叨扰了……”转身欲离开。

郭云宗拦住他：“看这情形，你我都是朝廷钦犯了，既是兄弟，何惧共患难！”

李海心下感动，当即答应留下，同郭云宗及郭振一起，回府探听虚实。

他们不知，此时，郭英与宁妃苦心设计的一场戏码正在巩昌侯府慢慢地上演。

郭云宗打头，郭振与李海在后，三人悄无声息摸进了正厅，此处是平时接待并议事所在。郭云宗原以为郭府家奴悉数消失，上报朝廷定会引起大乱，朝廷一定会派锦衣卫埋伏在府中等自己回来收网，却没想到，眼中所见，竟然一切如常，地面干净，人丁未少……

郭振还在丈二和尚之时，郭云宗与李海陡然明白了郭英的一片良苦用心：“四叔这招偷梁换柱真是绝了！”

三人不约而同朝着大门外的方向看去，静静地等待真相浮出水面……

入夜时分，大批锦衣卫忽然破门而入，随后，一名太监手持圣旨，急匆匆带人来到正厅内，展开圣旨，朗声宣道：“皇上有旨，陕国公郭兴勾结乱党胡惟庸，意图谋反，论罪当诛，念其于朝廷有功，现革去爵位。其子郭振，削去侯爵。钦此。”

郭云宗强忍心中悲愤，朝正厅看去，只见那跪在堂上接旨的人模样竟与自己有几分相似，另一人身形体貌亦与大哥郭振无异。

那大太监宣旨完毕，路过假云宗跟前时，忽然悄声道：“皇上另有旨意，不只除爵，还要——杀无赦！”

这一切都被郭云宗看在眼里，他正要出手阻止，却见那太监一语未毕，立刻目露凶光，朝门外略一招手，锦衣卫便蜂拥而上，各种武器往郭府“家奴”身上招呼，毫无反抗之力的众人就这样惨叫着倒在血泊之中，一时血染郭府，满地狼藉。

就这样，曾经辉煌一时的巩昌侯府，在锦衣卫的血洗之下，渐渐地，淡出了南京城的视线……

而郭云宗、郭振及李海，看着眼前这一幕，再想想藏匿于密道之中的家人亲眷，摩拳擦掌，终究爱莫能助。几行热泪从郭云宗眼中流下，这场近在咫尺的屠杀，远比他经历的任何一场战争都要残忍，更为可笑的是，这场屠杀的发起者，竟然是父亲不惜豁出性命也要报效的大明朝的开国皇帝——朱元璋。

此刻，他突然想起谈论胡案时四叔郭英曾对自己说过的那句话：云宗，你还是太年轻了啊。冷不丁的，一阵寒意袭上心来。

第三节　家破流亡之路

夜幕降临，巩昌侯府陷入死一般的沉寂。

躲在厅堂后方的郭云宗、郭振与李海三人，面面相觑，内心起伏不定，谁也不愿意率先打破沉默。

对于李海而言，这样的场面，他也是头一次见，当时韩国公李善长连同其妻女弟侄等全家七十余口被灭门之时，李海恰巧去皇宫寻大哥李淇（驸马，娶朱元璋之女临安公主），得临安公主庇佑，有幸逃过一劫，所以未能亲眼看见父亲自缢身亡，如今眼前所见，让他忽然想到惨遭屠杀的李氏一门，这些，远比他亲历更为残酷，他心情极为沉重，一直低下头去，泪水在眼角泛滥。

而世袭父职不到两年的郭振，才刚刚从一无所知的富家公子的身份转变过来，立志报效朝廷忠心为国之时，却被这突如其来的祸事惊得方寸大乱，作为家中长子，他理应对事情的来龙去脉了熟于心，然而事实却是，除了四叔郭英的秘信之外，他对整件事情一无所知，且去从决断，远不如弟弟郭云宗一般有主见。郭振愧疚之余，想起父亲的教诲，想到郭氏一门今后的出路，心中恍然，却又如坐针毡。

此刻，在旁人还在忧虑如何自处时，郭云宗心中已为避身密道的众人做好了万全的打算。父亲郭兴与大哥郭振的爵位被削，倒也无妨，毕竟郭家的权势与富贵都是皇上给的，如今他收回去了，能携家人远离朝廷的权谋争斗未尝不是好事一件。只是……那枉死于巩昌侯府的数十余人，究竟是什么来头？郭云宗急欲找四叔郭英问个明白。

郭云宗朝郭振与李海二人使了个眼色，二人会意，于是三人悄悄绕到后门溜了出去。

回到密道时，天色已晚，郭英已在此等候多时。

“四叔！”郭云宗乍一见他，又是激动又有些埋怨道，“朝中发生这么大的事情，四叔为何不知会侄儿一声？”

“我倒是想找你，也得能找得到你啊！”郭英苦笑道，“你这一去半载，究竟去了何处？怎的音讯全无？”

郭云宗听郭英开始问责于他，索性不答言，先行发问道：“四叔，那些枉死之人，是什么来头？”

“这……”郭英环顾四周，话到嘴边又止住了，显然是有所顾虑。半晌，他走到郭振身边，对他道：“振儿，照顾好大家，我和云宗去去就来。”

“四叔，你们放心去吧，这里交给我！”郭振见大劫之后，亲人尚在，如今云宗归来，得叔父郭英和姑母宁妃相助，府中上下定能全身而退，自己作为长子，更应该配合他们三人，尽全力保众人无恙。

李海站在一侧，嘴巴一张一合，想说些什么，却又意识到自己外人的身份，只好闭口不言，悄悄地隐没在人群之中。

这一切，被郭英看在眼里，他并不说破，携了郭云宗就往密道的尽头去了。

“四叔，那些枉死之人，莫非是您……？”二人走到一处僻静地，郭云宗忽然发问道。

“不错，这些人都是我府中的死士，养兵千日，用在一时，若非胡狱牵连甚广，圣上龙颜大怒，杀戮如狂，我也不至于如此冒险。你放心，这些人的后事我已安排妥当。”郭英沉声说道，看得出他心中亦有不忍。

“父亲之事，皇上可曾问责于您？”

“我长年在外征战，与朝中文臣甚少往来。当年胡相在世，素与我不合，皇上岂能不知？只是可惜了韩国公……”郭英顿了顿，又道，“李海这孩子，为人耿直，却是有些毛躁之气，你若出逃，不可与他同行，误事是小，郭氏一门的性命是大，切记！”

郭云宗并不争辩，在南京城与李海碰面之时，他本想留那中年护卫一条性命，以免惹上是非，哪知李海先他一步，当场置其于死地。郭云宗心知李氏家族遭厄，李海难免愤愤不平，却仍然不赞同他的做法，也考虑过与他分道扬镳，然而事情紧急且家中情况不明，只能先行避祸，再作打算。如今叔父郭英恰恰道出了他心中所想，郭云宗深以为然。

“叔父放心，侄儿自有打算。”郭云宗说着，又想起一事来，“父亲获罪，姑母在后宫之中怕不好过了……”

“哈哈哈，云宗，你是不了解她啊，宁莲虽比不得皇后的尊荣，却也是皇上看中的人，其子鲁王更是深得皇上宠爱。此案虽牵连到郭家，但以你姑母的聪慧，只要避得了这一时风头，日后只会荣宠更盛哪！”

“此话怎讲？”郭云宗不常出入宫中，虽与姑母郭宁莲时有书信往来，但对她的印象并不深刻，也没有谁特意告诉过他，郭宁莲究竟是个怎样的女子，竟然在后宫之中，处事有方，威仪不逊于马皇后。

“此事说来话长，当务之急，是如何逃出南京城。云宗，你有何想法？”郭英并无心思再多提及妹妹，反而眉头一皱，转问郭云宗道。

“叔父取笑侄儿了。您能设下这个局，必是已经想好了脱身之计，侄儿只能略尽绵薄之力，率众人寻一安身之处，如何逃出皇城，还需四叔代为筹谋！”

“果然，什么事也瞒不过你。今晚子时，巡兵换哨，我已做好安排，你命众人换好衣服，在靠近城门处等候，届时，城外火光四起，城内守将定要打开城门查看，我派人在城外制造混乱，他们必会调派人手增援，你们趁乱出城，城外会有三辆马车接应。”郭英一口气说完，然后看了郭云宗一眼，像在询问他有无疑问。

“三辆马车？”郭云宗诧异道。

“不错。府中家奴，我只挑了几个忠心的随你们远去，其余人等已为他们找了好的去处。出城以后，你与振儿兵分两路，漠北天南，四处皆可为家，唯有一点，大乱未平之前，切勿回京！”

“四叔！”郭云宗听完郭英的计划，心下明白，这一番动作下来，叔父又要顶着压力度日了。先不说太祖朱元璋是否有心追查子夜闯城之人，单是郭英要打点的复杂关系，足以让他担上莫大的风险，还有，他用心培养了多年的又一批死士……

“我答应过你爹，在他大去之后，无论府上发生什么事情，都要尽全力保他这一脉安宁。”郭英想起黄泉之下的二哥郭兴，忍不住长叹道：“二哥啊，是我们兄弟跟错了人么?”

郭云宗看了他一眼，不过半年未见，郭英却像老了很多岁，他想起自小随叔父征战的日子，竟然有些舍不得他。在郭云宗的心里，四叔郭英陪伴他的日子好像比父亲郭兴还要长，他们一同驰骋疆场，上阵杀敌，报效朝廷，人生中最风光的几年都是叔父一起陪着走过来的，他虽是叔，但对郭云宗的关怀与爱护却丝毫不逊于父亲郭兴。

“云宗，你可想到要去何处?”郭云宗还沉浸在自己的思绪里发着呆，忽然被郭英一言惊醒。

“普天之下，莫非王土。王土之上，终有政令难通之地。既要远离朝廷，自是往人烟稀少处去了。”郭云宗一边说着，一边在心里盘算着此次举家迁居所需的人力物事。

“粮食车马家仆都已为你们备齐，我的人会护送你们平安离开京城。”郭英知其所想，还未待郭云宗发问，便替他做好了万全的准备。

“四叔大恩，侄儿替谢过了！事不宜迟，我们动身吧。”郭云宗恭敬地朝着郭英行了一礼，便欲往回走，他一刻也不敢多耽，一想到密道中还有惶惶难安的亲人，就恨不得立即带着他们快马加鞭离开南京城。

郭英点了点头，又叮嘱了几句，这才看着他离开。郭英明白，云宗这一去，恐怕……再见就难了。

子夜时分，一切依计进行，只是伤亡比预计惨重。叔叔郭英派来的死士，数人被擒后，当场咬舌自尽，守城的将士新官上任，遇上这等大事，一时又惊又惧，唯恐连累自己，所以迟迟不敢上报。郭云宗等人得以争取充足的时间逃亡。

马车行到城外的岔路口，郭云宗跳下车来，与李海耳语了几句，后者微一抱拳，便驾车悄然离开了。

余下的路，两兄弟得分开走。

“大哥，可曾想过要去哪里?”这是郭云宗第一次正式地问自己关于选择的问题，郭振听着，心中竟莫名欢喜。

“四叔说了，漠北天南，四处皆可为家。那我……就去个天高皇帝远的地方，隐姓埋名，陪着母亲和妻儿好好过日子。”郭振说完，一身轻松。那个虚无的巩昌侯的名分压得自己太累，他不愿一直活在别人的眼光里，如今放下了，反而能重新正视自己。

“如此，甚好。”郭云宗放下心来。总算，大哥郭振经此一事，长进颇多，不再像以前那般，混沌度日了。

“云宗，以前是大哥不好……”郭振还想再说，忽然意识到这关键时刻，不宜多言，只好转问郭云宗道，“你可想到落脚之地了?”

“征南之时，我曾随叔父路过黔地，那里地处偏僻，民风淳朴，既能远离朝政，又可安身立命，倒不失为一个好去处。若是此行顺利，以后我会陪伴母亲，在黔地置业为生。”

郭云宗做出这个决定，是经过深思熟虑的。天下虽大，真正能供他们一家人容身的地方却少之又少，要知道，这大明朝的江山，可是无数能臣猛将南征北战，拼着性命打下来的，自是处处都有朝廷的耳目。即便是边陲之地云南，也有西平侯沐英镇守，好在云贵虽近，但因山峦阻隔，且黔域多未开化，地方土司关系纷杂，并未完全受制于朝廷，倒不失为一个避难良所。所以他这番话看似说着无意，实则早已在心中筹谋已久。

“好！待这风波一过，你我安定下来，我便去寻你。”郭振有些不舍，他心里明白，此次分离很有可能就是永别，他怎么都不会想到，两兄弟会以这样的方式分开，而且再会之日又那么遥遥无期，可是不这样，又能如何呢？

“那便说定了！大哥，此地不宜久留，我们就此别过吧！”郭云宗微微抱拳，郭振还了一礼，二人同时转身，一个朝南，一个向北，驾车绝尘而去。

飞扬的尘土遮掩了离别的哀伤，郭云宗心中百味杂陈，可是唯有隐忍不发。因为此刻，所有的事情都在等着他去做决断，每个人都在等着他拿主意。即便对大哥的离开有万般不舍，他也只能忍住，盼着以后在行路疲累之际，回想起两兄弟相伴的美好时日时，能减轻几分途中的辛苦罢了。

入黔的路，异常艰辛。

虽然母亲陈氏身体还算硬朗，但由于长途颠簸，跋山涉水，每到一地，难免水土不服，行到湘楚界的时候，陈氏已是腰间乏力，双腿肿胀，渐感体力不支。郭云宗情急之下，下车负母前行，并在当地找了一个大夫为母亲诊治。陈氏心有愧疚，怕耽误儿子行程，病还未大好，便着急要赶路，被郭云宗劝阻了。

“俗语说，父母在，不远游。儿子自小跟随父亲和四叔到处征战，原本陪伴母亲的时日就不长，如今陡遇家门祸事，连累母亲同儿子远行，已属大不孝，又怎会亲眼见母亲抱恙而置之不理呢?”郭云宗说着，眼圈已有些泛红。

“这是说哪里的话? 人生在世，本来福祸无常，郭氏能逃此劫，可见老天有眼。只恨我这身子不争气，白白给你添了负担。”陈氏素知郭云宗孝顺，更知途中不可久耽，情急之下，只能不停责怪自己。

“母亲安心养病便是，一切有孩儿在。”郭云宗轻声安抚着她，心下更是惭愧。

这一路上，母亲陈氏强忍着不适，同众人一起，抵御严寒，勉力果腹，他不是不知，携亲眷远行不比行军打仗，即便有马车，也不可能日夜兼程赶路，而更要命的是西南地区阴冷的气候，远没有江淮地区的冬天温和，越接近滇黔之地，湿气就越发严重，再加上山路难行，便是同行的几个身强力壮的家仆都有些经受不住，更何况一个体弱的老妇呢?

郭云宗为了照顾年迈的母亲，特意让人放慢了南迁的速度，然而时间越久，处境越发艰难，原有的食物储备渐渐告急，而西南地区多崇山峻岭，无店可宿，无粮可购，途中还会偶遇山贼侵袭，众人不得不强打起精神，连夜里露宿都不得放松警惕，时日一长，除了陈氏，众人都瘦了一圈，连在外征战多年的郭云宗，都不例外。

就这样，郭云宗带着众人，历尽千辛，克服种种难关，终于在次年二月抵达贵州城。

一别十年，重回贵州。

经过战争洗礼又重获新生的贵州城，已经今非昔比。更有“调北征南”及“调北填南”等政策的眷顾，使得汉族文明一步一步融入进来，并在历史发展的过程中，逐渐趋于主导地位。

谁也不曾料到，这个十年前与黔地有过一段缘分的征南小将，还会在十年之后义无反顾地回到这里，重新开始书写他后半生的传奇……

第四节　入黔改姓

洪武十五年（1382 年），征南之战获得全胜，明太祖朱元璋为避免中央集权分裂，决定于云贵等地屯兵驻守，以威慑边疆。来自中原地区的精锐军队沿着云贵高原设道布防，建立卫所，按原有的明军编制驻扎了下来，这就是史上著名的“调北征南”。

郭云宗没有想到，当年他的随口提议，竟然真的会被太祖朱元璋采纳。更没有想到，这屯兵留驻的建议，险些在初入贵州城时害了自己全家的性命！

洪武二十四年（1391 年）初，当举家南迁的郭云宗兴冲冲地抵达贵州城时，却意外地发现，在南京城闹得沸沸扬扬的胡惟庸案，并未随着他们的南迁而按下风声，进出城门的百姓仍然需要接受守城士兵的盘问，报出名姓，方可出入。只是京城路远，且胡狱牵连甚广，枉死者众，其中不乏将门之后，兵士们闲暇提及，总会不胜唏嘘，犹记着前一刻还带着自己上阵杀敌的将军，转瞬间便被皇上赐了死罪，此情此景，历历在目。见得多了，军心自是动荡。所以此地虽然避不开盘查，那些守城的侍卫已然不再上心，甚至偶予恩惠，也可随意进出。

马车停在城外。郭云宗跳下车，扶母亲陈氏下来。一行人历尽风雨，容貌已经发生了很大的变化，肤色再没有了江南地区的细腻白皙，猛地一看，与当地人无异。

“宗儿，我们过得去么？”陈氏望着近在咫尺却又不得而入的贵州城，喜忧参半。

“母亲放心，有孩儿在，便没有过不去的关卡。”郭云宗一边宽慰她，一边暗暗思索着入城的法子。

“张四、陈方、牛武，你们三人，可先行入城打探，若是城内未设防，可着一人出城报信，我们随后就来。另外，若是有人问起名姓，万万不可提及郭氏。”郭云宗在随从之中挑了这三人，虽是家仆，却也常年跟随他马上风雨、出生入死过，身手还算矫健。

“那该如何？”三人诧异道。

郭云宗思考片刻，看了母亲一眼，顿时有了主意：“从今日起，都随我母亲，易姓为陈吧。”

此言一出，众人皆赞大妙。

待一切叮嘱完毕后，郭云宗目送三位家仆远去，直看到他们顺利入城，这才大舒一口气。

他不愿母亲在城外多待，未等来人回信，便携了母亲往贵州城中去。

守城的侍卫盯着郭云宗看了很久，觉得此人甚是眼熟，却又不记得在哪里见过。郭云宗却清清楚楚地记得，眼前这个三十岁左右的侍卫，当年可是随自己一起征战过沙场的，可是他不敢认，不能认，只希望自己容貌上的变化可以蒙混过去……

“你是……云……”侍卫盯着他，马上就要惊喜地叫出声来。

“小的叫陈云宗，带母亲入城求医的。”郭云宗扶着陈氏的手微微重了一些，陈氏会意，立即装病咳了起来。

那侍卫迟疑半晌，再次看了他一眼，终于，脸上划过一抹失望，随即慵懒地摆了摆手，对同行的人道：“穷小子带阿娘进城看病的，别耽误了病情，放他们走！”

此刻的郭云宗，内心澎湃难安，他不知这侍卫是有意还是无心，明明好像已经认出了自己，却又佯装不知。十年的时间，足以让人变得健忘，却始终难忘少年儿郎在青春岁月里并肩作战的激扬。

郭云宗收敛心神，扶着蹒跚的老母亲，脚下的步子变得轻快起来，母子相视一笑，朝着贵州城的方向走去。

很久以后，郭云宗想起携母入城的那一瞬，想起那个念及旧年情义而放他离开的守城侍卫时，仍然感慨万千。当他说出“陈云宗”三字时，也意味着自己与“郭云宗”这个身份彻底的告别。

此后很多年，当郭云宗的后裔遍布云贵之时，所有的族人都记得，家训里有一条便是：郭陈二姓不开亲。虽为异姓，却是同胞。这临机应变的易姓之举，是郭陈氏先祖郭云宗为保全临淮郭氏一脉所做的智举，且陈属其母姓，这样的更改，不但不能在传承后代的过程中使子孙遗忘了本姓，反而将郭陈两大家族的关系结合得更为紧密，亦是郭云宗对母亲陈氏一片孝敬之心的体现。

第四章

定居清镇　弃武从商

第一节　落业贵阳　开启新生

初到贵州，郭云宗携母亲及众人落脚在茨南门黄土坡的核桃园。

茨南门位于贵阳的东南部，此处原本人烟稀少。后来，由于朝廷政策的倾斜，迁入贵阳本地的汉人越来越多，逐渐形成了一定的规模，茨南门便受典型的民屯制影响，汉人反而成了多数。

十年前，明军攻占贵州以后，在此地实施了军屯制度。为了稳定军心，使军士在边疆有亲可依，安心报国，不至于心念故土，行军打仗时临阵逃脱，朝廷出了一个“慷慨”的政策，即驻军兵将必须携带妻室儿女戍边，无妻室的，政府予以婚配。同时，也鼓励百姓由人口密集的中原地区迁移到地广人稀的偏远山区。在“鼓励”的同时，更是强迫大批内地破产的流民和平民迁往贵州。对于新迁入的平民，明政府会给予其土地并划分区域管理，形成“民屯”，史称“调北填南”。

随着民屯制的深入，来自江南及中原地区的汉族人民更是将先进的文化带到了尚处于半原始状态的贵州，极大地促进了这个西南边陲区的发展。

所以，当郭云宗看到原本荒无人烟的茨南门如今变得焕然一新时，不由得大喜道：“果然，我所料不差啊！”

直到这一刻，连陈氏在内的众人才明白，原来郭云宗避难至此，并非盲目为之，他早已通过朝廷瞬息万变的政策预测到了黔地多年之后的发展，并在祸事临头时果断选择南迁。

如今，极目望去，农田房舍，鳞次栉比，鸡鸣犬吠，垂髫小儿，皆怡然自乐。若非身临其境，绝没有人愿意相信，这就是那偏远落后且又带点原始气息的西南蛮夷之地。

更让人惊喜的是，这里设私塾、建祠堂，邻里亲和，官兵友善，亦有乡绅富贾长居于此，总能将外界最新的消息带回来，却没有太多的人愿意被名利牵绊。

而郭云宗一家人的到来，为这个祥和的地方带来了无限的可能，也许连他们自己都没想到，有朝一日，还会在如此偏僻的边远小城之中，重新开始续写一段精彩绝伦的人生传奇。

在核桃园里安顿好了母亲，带着家仆一起将一处旧宅整修完毕之后，郭云宗开始打探起附近的情况来。

他派出去的得力家仆陈方很快带回了有用的信息：“这黄土坡现有三个大户：淮阳顾家、临清朱家还有徐州宋家。”

“淮阳顾家……”郭云宗恍惚觉得这名儿有些熟悉，却又说不出在哪里听过。

“怎么，主人认识？”陈方见郭云宗沉吟不语，怕遗漏了什么重要信息，特意又反问他道。

郭云宗摇了摇头，只道：“这些人都是什么来头？”

“顾朱二人祖上皆以种田为业，十年前迁至此地，各自托人找关系多分了几亩田地，随后转手包了出去，靠着佃金收成，竟也逐渐坐大。那徐州宋家据说是个不好惹的，经商之人，笑里藏刀，面上客气，私下却与诸人有过不少纠葛，顾朱二人没少受过他的气呢。”陈方说着，好像在替顾朱愤愤不平。

“还有呢?”郭云宗并不答言，他只想听完再下决断。

陈方会意，又道：“如您所料，这地方官儿确实与征南之战有些渊源。”

“哦?”

“这地方官儿姓焦，单名一个琪字，是亲军府军卫镇抚焦琼的亲侄儿，也是新上任的威清卫指挥焦琴的堂弟，为人倒也端正，却好与宋家往来，虽然治下安宁，大伙儿却对他敬而远之。”

郭云宗听到这里，心中已有了打算，他决定先从这几人入手，找个营生来做，将家业置办起来再说。南迁一行，叔父郭英给的物资已经用罄，途中为给母亲看病，连随身携带的一把匕首都用来换了盘缠。顺利抵达贵州城时，众人已是弹尽粮绝。若非他急中生智，让家仆折返于城外将马车变卖掉，现在也实在无法负担这核桃园的几间旧宅子。

郭云宗还在暗暗思索着如何着手，忽然又听陈方说道：“对了，顾家前两年置了几亩鱼塘，却因不擅养殖，导致年年亏损，是个赔本的买卖，街坊四邻都拿来当笑话讲。您说说，他一个北方佬，跟着别人瞎掺和什么呢? 守着旧业，好好收租不成么……”

陈方越说越来劲儿，仿佛与这淮阳顾家有天大的仇似的，数落起来没完没了了。

郭云宗听完，一边想，一边打断他问道：“你还听到什么风声？都讲给我听听。比如这四邻之中谁家做什么买卖，谁与谁的关系又走得近一些……这些都可以。”

陈方听得大喜，从前他在巩昌侯府，可是出了名儿的“百事通”，凡事一经他打探，必能掘地三尺，许多陈年旧事只要有迹可循，他都能顺藤摸瓜地给你挖出来。所以一听主人有活儿指派，他乐得颠颠的，虽然只是匆匆出门遛了一圈，却已经对四周的人事摸得一清二楚，也难怪郭云宗离京之时坚持要带着他走。

待陈方把他听来的一些邻里八卦悉数告知郭云宗时，已经过了一炷香的时间。

有人的地方，就有争斗。

看似平和的黄土坡，却也少不了为几亩农田斗得两败俱伤之人，这纷繁错乱的关系听得郭云宗有些厌恶，他不断地安慰自己道：“好歹，都是些琐事。”

听完陈方的一番“调查”，郭云宗已然对方圆十里内的邻居四乡有了明确的认识，他捋了捋思绪，将所需筹谋之事在脑海中认真地盘点了一遍，最终决定先从“拯救”顾家的鱼塘开始。

若是顾家的鱼塘能顺利购得，根本无须假旁人之手。这些养殖的散活儿，对于自小便生长于江淮地区的郭云宗、陈方等人而言，简直易如反掌。

可是，如今生活艰难，维生尚堪忧，哪里还有多余的钱来置办家业呢？

郭云宗正在犹豫间，却见陈氏捧着一个精致的木匣走了出来。郭云宗猜到了母亲的用意，还未等她说话，便坚拒道：“母亲，儿子自己想办法，您拿回去吧！无论您手中所捧是何物，都是您毕生所集，孩儿断不能收。”

“宗儿，你莫急。”陈氏笑道，“这些，恰恰不是为娘毕生所集，是你爹爹临终之前交付于我的。他说，若是有一日，云宗为生计所累，定要拿出这匣子给他。”

这番话挑起了郭云宗心中的好奇之心，他接过匣子，轻轻地打开，只见匣子里整整齐齐的，躺着一本族谱，还有两封信，一封是父亲郭兴的笔迹，而另一封，却是爷爷郭山甫的字迹。

郭云宗打开父亲郭兴的那封信，信中记载了郭兴所历的每一场战役以及每到危急时刻他是如何化险为夷的，几乎场场惊魂，幕幕动魄。

郭云宗看得心惊，合上信时，仍然心有余悸，一想到父亲身上的疤痕，以及这每一个疤痕后面的故事，他都有万般的不忍。

此刻，他瞬间明白了父亲的意思——没有什么比经历过一场战斗更为残酷难忍，这么艰难你都挺过来了，又怎会败在眼前的生计？

郭云宗平复了一下心情，又打开爷爷郭山甫的信，令他惊讶的是，除了开头二字“宗儿”能看出这是封信以外，信中所述，竟然无一赘语，全讲的要如何经商处事，游刃于街巷铺面之间，还提供了具体的方法！他默默地读完信，内心激动不已。

这么多年过去了，爷爷郭山甫仍然如先知一般，冥冥之中为自己的子孙后代铺好了路……临淮郭氏无一人从商，爷爷又是如何知道家族中人——尤其是郭云宗会有这么一天的呢？

郭云宗已经不愿多想。

顾家池塘就像一块硕大的肥肉，正在吸引着腹中饥饿慌慌的郭云宗一步一步地朝它靠近……

这一日天气晴好，郭云宗带着家仆陈方，来到了半坡之上的顾家。顾家的宅子建在半坡之上，坐北朝南，修得宽敞明亮，站在大门之外举目望去，更是风景独好。上百亩农田将原本荒芜的大地齐整地划分开来，下地劳作的百姓辛勤地穿梭于田园之间，带着春耕的喜悦，不知疲倦地忙碌着。

来时的路上，他已经想好了如何与顾家人谈好这笔生意，甚至连如何应对对方的诸多刁难都想好了。可是他没有想到，接下来发生的事情远远超出了自己的预料……

当顾家老爷顾大春听见一名叫“陈云宗”的人上门拜访时，原是想拒绝的，但又听人说起这核桃园新迁来的年轻人长得是一表人才，相貌堂堂，忍不住为自己尚在闺中的女儿打起了主意。他吩咐下人让郭云宗在前厅等候，自己则随后就到。

郭云宗见顾家诸仆待人接物甚是友好，还未见主人的面，已然对顾家人心生好感了，不自觉地对自己此行目的又多了几分把握。

大约过了一盏茶的时间，顾大春忙完了账房中事，这才想起还有客人在前厅等着，忙不迭地就往前厅赶。

“贵客临门，是老夫怠慢了……”前脚刚迈入前厅中，话还未说完，顾大春的脸色忽然变了，从适才的敬重略带倨傲变得兴奋激动起来：“恩公！怎么是你？”

“恩公？”郭云宗看着眼前这人，的确眼熟，却实在想不起自己何时于他有过什么恩德。与此同时，侍立于一旁的陈方看见顾大春骤然失态而郭云宗却一副莫名其妙的样子时，情不自禁笑出了声。

待意识到自己失态时，陈方连忙收起笑容，直起身子往郭云宗身后又退了一退。

哪知顾大春并不在意，他只是眼望着郭云宗，开始缓缓地倾诉起多年前的一段往事来：“十年前，我老家淮阳遭遇旱灾，粮食颗粒无收，百姓流离失所。朝廷虽有拨粮振济，却只是杯水车薪。恰逢征南之战大捷，朝廷鼓励大伙儿移居云贵之地，并许诺分配土地，于是大批同乡开始响应朝廷号召，纷纷携家带口南迁，这其中就包括我们一家人。从淮阳到此地，几千里的路，我们足足走了三个多月。快要到达贵州城时，却在途中遇到了山贼！我亲眼看着同乡被杀，父母妻儿危在旦夕，若非恩公带兵路过，救我全家于水火之中，后果将不堪设想哪！”

郭云宗听着听着，渐渐有了点印象。那一年，奉叔父郭英之命班师回朝，他率领小路兵马开路，行至贵州城东一百二十里处，见有贼寇侵扰百姓，于是顺手帮忙料理了。当时只道是举手之劳，却不曾有人想会在十年之后重提旧事。他甚至连那家人的样子都记不清，只隐约记得一位中年汉子携了一家老小，对着他又是跪又是拜的，感激不已。郭云宗并未上心，解决了那伙贼寇便火速带兵离开了。

这件“小事”顾大春却记得清楚，当年，他特意多看了几眼郭云宗，暗暗记下了这个小将的相貌，并在定居贵州城以后，四处派人打听恩公的身份，得知他是巩昌侯郭兴之子时，思及地位悬殊，也只能将这份恩情默默地埋在心里。后来听说已故的巩昌侯涉“胡狱”，郭氏后人“畏罪潜逃”，从此便没了郭云宗的消息。

“我原以为这救命之恩此生是无缘一报了，没想到会在这里遇上恩公！真是老天怜悯啊！”顾大春忆起往事，无限感慨。

郭云宗却从他的话里听出了另外的玄机：“你说什么？畏罪潜逃？”四叔顾虑周全，布局紧密，怎会走漏了风声？若是真如顾大春所言，那么大哥郭振与自己岂不是身处险境而不自知？郭云宗越想越不对劲，急欲将此事探问个明白。他还未开口，便听得顾大春又道：“恩公侠肝义胆，一身正义，少年时期便英名远播，又岂是这种贪生怕死之徒，这其中必有冤屈。”

郭云宗苦笑道：“连你都明白的道理，皇上怎会不知？他这是在故意混淆视听……”说到“混淆视听”一词，郭云宗忽然明白，为什么朝廷只对外宣布郭氏后人“畏罪潜逃”却没有派人来追捕他们了。叔父郭英的计划看来已经成功，但太祖朱元璋一向多疑，巩昌侯府已被他灭门，他却秘而不宣，而是放出“畏罪潜逃”的风声以引得更多与胡案有关的人上钩。试想，四叔郭英和姑母宁妃还要在皇上面前假意示好，大义灭亲，他们也着实不易。如此想着，郭云宗不禁黯然神伤，两位长辈都上了年纪，膝下儿女尚且难以庇护周全，却还要再为自己及大哥郭振筹谋万千，身为小辈的他，真是惭怍不已。

“恩公，恩公！”郭云宗还在神游之际，突然被顾大春的声音拉回到了现实。

“哦。”他随意应了一声，精神仍然有些恍惚。

“不知恩公此来，所为何事？”顾大春不是不知，郭云宗一家人落脚核桃园的旧宅之后，入不敷出，且未有稳定的经济来源，眼下很是拮据。他心中已经做好准备，要助郭云宗他们渡过难关，甚至已经想好让人如何悄悄送些银钱过去而不令恩公一家人难堪了。

正在思忖间，却听得郭云宗大声道：“我想买你顾家的池塘。”

“这……”顾大春显然没有猜中郭云宗的来意，更让他意外的是，生计尚愁的郭云宗竟然会看中他那几亩亏损已久的池塘，这个消息来得超乎自己的想象，他一时不知该如何接话。

“你无须顾虑太多，”郭云宗见顾大春呆在原地，不禁笑道，“这池塘卖给我，总好过在你手里一直亏下去。我将地契押与你抵这池塘，他日再赎回来，你看如何？”

顾大春早就琢磨着将池塘脱手，无奈寻不到合适的买主，如今郭云宗开口，别说是几亩池塘，连整个老宅都愿意送给他！他本来不欲收郭云宗的地契，却也知男儿好强，不可让他在气场上输人一筹，当下欣然应允：“好，这池塘一直是我的痛处，正愁找不着人接手呢。恩公喜欢，便拿去吧！”

郭云宗没料到顾大春会答应得如此爽快，他从爷爷信中学来的经商之道竟然一点儿也没派上用场，欣喜之余又是遗憾又是好笑。

办完转让池塘的手续，郭云宗从顾家走出来，心中无限畅快。十年前的一桩善行，竟然换来了十年后的创业资本，对于郭云宗而言，可谓意外之喜。

第二节　经商创业　开枝散叶

就这样，郭云宗以顾家池塘为起点，真正放下自己军人的身份，摇身一变，成为一名地道的养鱼人，从头开始学习养殖。他派家仆去贵州城有名的渔户家学习如何在现有的条件下育种、筛选鱼苗，结合自己在家乡时耳闻目见的一些养殖案例，突破了顾家鱼种单一且成活率极低的瓶颈，成功混养了草鱼、青鱼、鲢鱼、鳙鱼等多种鱼类。经过小面积试验，他已经能很熟练地控制池鱼的生长速度和放养密度，最终将这些成果应用到了其他多个鱼塘，养鱼事业进入了极速发展阶段。

在郭云宗的细心钻研之下，很快，陈氏池塘的名气不胫而走，陈氏出产的池鱼种类繁多，肉质肥美，从不缺斤短两，不仅大受四邻八乡的喜爱，更有贵州城内外鱼贩慕名而来，指明非陈氏出产而不取。

不出一年的时间，郭云宗已经将抵押在顾家的地契赎了回来，并给出顾大春丰厚的回报。

顾大春坚决不收："恩公有此作为，大春深以为幸。池塘既已卖出，盈亏便与我顾家再无关联。还望恩公收回！"

“地契本是我抵押于你，现在用钱来赎，你自然该收，否则我这买卖不成立啊。”郭云宗笑道。

顾大春还想推辞，转念一想郭云宗所说也在理，断不能因为这点钱让恩公难堪，于是慨然应允，不再多言。

待收回地契，偿还了顾家本钱以后，郭云宗将赚到的钱一分为三，一部分用于扩大养殖规模，一部分用于置办农田，另一部分则留作日后经商的本钱。

池塘经过一年的发展，已逐渐摸索出一条相对成熟的产业链条。一方面，他们雇用工人对鱼塘进行定时、定量、定质投饵和轮捕轮放，并对鱼塘建造、放养密度和鱼种搭配进行一定的控制，完善了池鱼的生长环境；另一方面，郭云宗让家仆在池塘周围栽种果树及蔬菜等农作物，利用池鱼粪便来浇灌农田，一并提升了农田的产量，此举收效甚佳，引得四邻八方竞相模仿。

就这样，郭云宗凭借陈氏池塘而逐渐成为茨南门的名人，许多大户人家争相将女儿嫁给他，其中便包括顾朱两家，郭云宗在与这两家人的走动之中，逐渐同朱家小姐互生情愫，经双方父母许可，二人很快完婚。而朱家老爷更是慷慨一掷，将百亩良田当作女儿朱氏的嫁妆赠予郭云宗。

早在朱氏之前，母亲陈氏便已托人为郭云宗物色了一门亲事。原是贵州城中一家大户的女儿严氏，因家道中落，为维持生计，不得不变卖自己的一些绣品，以换钱周济家中。陈氏在无意中看到了严氏的绣品，便执意要见她一面。果然如自己所料，这严氏长得清秀可人，谈吐不凡，是个典型的大家闺秀，一番相谈之后，陈氏越发喜欢她，便做主为儿子郭云宗定下了这门亲事。

郭云宗本就孝顺，自是尊重母亲的决定，家中有了严氏的操持，他也能安下心来扩展家业。夫妻二人相敬如宾，日子过得倒也顺畅。

当朱氏带着丰厚的嫁妆嫁入陈家时，严氏并没有表现出丝毫的不悦。相反，她一方面替丈夫郭云宗感到高兴，这百亩良田将会促成他日后更大的成就，前途不可限量；另一方面，也替陈氏感到欣慰，陈家多了一房妻室，这繁衍子嗣的重任便有人担了一半，可算是圆了婆婆一直以来的念想。

值此诸事，茨南门黄土坡的两家大户——淮阳顾家与临清朱家，皆被郭云宗收为己用。凭借这层关系，郭云宗很快引起了徐州宋家的注意，后者甚至多次派人来请郭云宗进府一叙，都被他婉拒了。

“主人若能与徐州宋家交好，陈家便不止鱼塘这一业了。”家仆陈方看着郭云宗屡拒宋家，忍不住抱怨道。

郭云宗微笑不语，他只是在等一个机会。机会到了，一切自然水到渠成。

不久，当郭云宗听说焦琪再次登门拜访宋家时，果断带上家仆陈方，携了重礼，往宋家的方向走去。

这宋家的主人单名一个“潜”字，四十出头的年纪，人长得精瘦，眼神却凌厉无比。他一眼看出郭云宗的来意，却囿于焦琪在座，并不说破，而是故意打着哈哈道：“陈大公子今日怎么有空来我府上一坐呢?”

“承蒙贵府不弃，多次相邀，是云宗不识好歹，因家中多事而婉拒，今日前来，一是跟您赔礼道歉；二是听说宋家主人向来是个好担当有远见的主儿，作为小辈，还望您能不吝赐教。”郭云宗言辞极其诚恳，倒教宋潜无话可说了。他本想借此奚落郭云宗一番，不料话题还未开始，便被郭云宗堵了回去，若是自己再纠缠不放，未免显得太过小气了。

宋潜还在犹豫着如何回答郭云宗时，坐在一旁的焦琪先开口了：“莫非你就是那陈氏池塘的主人，黄土坡人人艳羡的后起之秀——陈云宗?”

“正是在下。”郭云宗心中大喜，能让焦琪主动开口，此行的目的就达到了一半。

他面上不露声色，只是转向宋潜询问道：“这位是?”

宋潜先是一愣，没想到郭云宗会揣着明白装糊涂，虽不知他的用意，却也不好冷场，只得假装热情，帮他引见：“这位是焦琪焦大人……想必你一定有所耳闻。”

“云宗见过焦大人。”郭云宗对着焦琪行了一礼，起身退后，随即看了宋潜一眼，语气略带为难道：“云宗来得不巧，叨扰二位了……”

宋潜听他这么说，心下暗喜，正欲开口说话，却被焦琪抢先一步：“不妨事。你来得正好，有件事想听听你的主意。”

“哦?”

“大人!”

郭云宗与宋潜同时发声，前者疑问，后者惊讶。

焦琪并不意外。他先是对宋潜轻轻摆了摆手，示意他不要打断自己。再是对郭云宗点了点头，又继续说道：“不知陈兄可曾听说播州盐荒一事?”

“略有耳闻。”郭云宗与焦琪初次见面，见他竟然与自己兄弟相称，不觉诧异，暗地多了个心眼。他不知焦琪此举为何，却隐隐感觉到不大像是坏事儿，于是微微一笑，略加沉吟道：“黔道受阻，盐资奇缺，时日一久，必有变故，原在预料之中。不知大人何以有此一问?”

焦琪一愣，他原想从郭云宗这个年轻人口中套些想法出来，却不料他如此直白，径直将问题抛了回来，索性不再遮掩，开门见山道：“实不相瞒，如今黔地百姓食盐甚艰，朝廷亦是政令难通。以播州为例，官盐未抵赤水，便已被土司拦截大半，又兼赤水河道艰险，渡河犹难，饶是重金千万，也无人愿长途涉险，长此以往，恐怕黔地人心不定，民怨四起啊!”

“大人的意思是?”郭云宗听他说得真切，心中暗赞：想不到这焦琪竟也是为民办事的好官！当然，这一番话下来，他比谁都明白焦大人接下来要跟他说什么，只是卖个关子，先不说破。

“素闻陈兄颇擅商贾之事，又岂会拘于这方寸之地的买卖?”焦琪说完这句，看了一眼立在一旁、面无表情的宋潜，对郭云宗笑道，“我与宋潜兄弟相交已久，你莫看他嘴上凌厉，对你却是佩服得紧呢！纵你今日不来，我们也打算择日登门拜访，为的就是邀你一起做做这利国利民的大买卖，不知你意下如何?”

“大人?!”郭云宗与宋潜同时出声，前者是惊喜，后者是疑问。

“哈哈哈，二位莫急，我给你们三天的时间考虑，三日后焦某在此，静候佳音，如何?”焦琪看着眼前二人，心中掠过无限种可能，他急欲将眼前这二人紧紧笼络到一起，除了简单的生意之外，还有另一个不为人知的原因，而此刻，他什么也不能说。

“一言为定。云宗先走一步，三日后再来叨扰。”郭云宗用余光瞥了一眼脸色阴晴不定的宋潜，匆忙向焦琪行了一礼，识趣地溜了出去。

他前脚刚走，宋潜便气冲冲地找焦琪来理论：“大人，您怎可如此糊涂啊！这么要紧的事儿，您怎么放心交给陈云宗那小子?”

宋潜的脸红一阵白一阵，越说越委屈，仿佛自己这一番周密的计划，随时有可能因为陈云宗的加入，而陷入巨大的危机。可是大人已经千金一诺，姓陈的三日之后要来赴约了！他又有什么办法?

“陈云宗有大才，我从来不会看错人。”说完这句，焦琪缓缓站起身来，悠闲地踱着步子走出了宋家的大门。

焦琪的话，仿佛一剂定心丸，让宋潜踏实了许多。虽然他不愿意相信，陈云宗这两年在黄土坡的所有作为，早已让他刮目相看，这个年轻人，初入商界，还没有学会尔虞我诈，仅凭着大胆的想法和与生俱来的敏锐的嗅觉，便能将小小的生意做得风生水气，实在不容小觑。宋潜期待着三日后那个亦敌亦友的陈云宗能给他带来更大的惊喜。

虽然，郭云宗与焦宋会面时间极短，可是一番话下来，他心中早已拿定了主意。播州盐荒，只是个小小的引线，有了焦琪的推荐和宋潜的支持，他终于能实现心中大胆的想法，若是运用得当，受益的不止贵州城，整个黔域都会从此摆脱无盐可食的困境……

三日后，当郭云宗带着周密的计划出现在宋家时，焦琪与宋潜皆喜不自胜。

郭云宗的计划是：开展与中原地区的粮食贸易，将中原地区的粮食运至黔地，以粮食换取盐引之后，再由贵州城出发，经播州、渡赤水，入蜀将盐运出。如此一来，既解决了黔地盐粮匮乏的情况，亦能在入蜀之时将黔地特产运至蜀地，形成良性的贸易循环，更避免了空船行驶，降低了人力成本，来往皆利。

“妙啊!”焦宋二人听得连连点头，异口同声地赞道。

“只是，眼下有两个问题尚待解决。”焦琪思考片刻，不待另外二人发问，便缓缓说道，“其一，这中原地区粮产丰富，自是不必说，只是，我们如何将粮食运来，又有哪些粮食可倚靠？若是没有合适的人选，恐怕要费一番周折……”

焦琪话说到一半，宋潜便笑着打断了他：“大人莫忘了，宋某祖籍江淮，如今族人兄弟尚在，都是些经商的能手，这点小事还是帮得上忙的。”

“我怎么把这事儿给忘了?!江淮富庶，天下皆知啊，如此一来，就只剩这第二个问题了。”焦琪顿了顿，又道，“这赤水两岸，土司仗势，恶匪横行，恐怕盐未运抵，人船俱覆啊。”

“不然，我已派人打听过了，那赤水之众，只对盐船感兴趣，运载别的货物，倒是不曾过问。”郭云宗语气坚定，也让在座的二位心里有了底气。

“如此甚好。”焦琪又道，“既然大计已定，不日便可出发，这事儿拖延不得。为保万全，我会派人护送你们一程。”

三人就细节商议了片刻，决定分别出发。先由焦琪疏通好卫所在沿途要道的关系，再由宋潜回徐州打点好粮食生意，将第一批粮食亲自运至贵州城外，郭云宗接手之后，用粮食换取盐引（注：明朝政府借鉴宋朝“盐钞”，以盐引控制食盐专卖。商人每给边关运算二百石粮，官方就给出一张引票，凭引票可换盐去卖），然后再将陈家池塘所产的各种渔产以及黔地特有的苗锦、侗锦等货物满载上船，走水路入蜀，在蜀地将满船货物卸下卖出，随后用盐引换取食盐，再原路返回。

由于是合伙经营，为避免产生不必要的纠纷，郭云宗与焦琪、宋潜三人立下字据，由江淮运来的粮食所得利钱归卫所（焦琪治下）和宋潜，郭云宗只取盐引。

对于郭云宗的这个提议，其余二人欣然应允。焦琪自是不用说，他原本就有意促成以粮换盐的生意，一来丰富了治下的粮产储备，二来避免了盐荒再发，何乐而不为？至于宋潜，他当然明白盐引的重要性，自己也想将盐引牢牢地握在手中，但是，一想到运盐途中险恶重重，远比运粮所耗精力更甚，倒不如把这费力的活计让给陈云宗去做。在常人看来，表面上好似郭云宗吃了大亏一般。

而郭云宗比任何人都明白，一旦打通了川黔两地之间的商路，便会为自己日后于商界大展拳脚带来不可忽视的助益。这一切的成败，都取决于能否顺利拿到第一张盐引。

数月后，宋潜不负众望，历尽艰辛，将第一批粮食从江淮运回了贵州城。这一路过来，宋潜更加觉得当初与郭云宗立下字据是多么英明的决定，若非自己亲身经历，实在无法将沿途所见与“九死一生”这个成语联系起来，运粮犹险，运盐更是有过之而无不及啊!

由于宋潜存了这样的心思，郭云宗的盐引拿得意外的顺利。洪武二十五年（1392年），郭云宗携了四名随从，租了一支船队，自贵州城出发，沿赤水顺流至蜀地贩盐。一路上，幸得焦琪指引，有卫所的人脉作保，行船倒也安然无事。偶有匪徒流窜搅扰，又哪里是郭云宗一众人等的对手？且郭云宗自小受祖父郭山甫影响，上知天文，下晓地理，总能通过夜观天象预知次日天气状况，水路畅行无比，倒叫众人感到稀奇了。

只有郭云宗自己知道，这一路行得并不轻松，赤水河水流太急，加上河道年久未疏，淤泥附着，若是船体再小几分，恐怕随时会陷入泥淖；另外，赤水河两岸夜夜有“鬼火”招摇不去，想来也是土司们打着往来盐船的主意，若非郭云宗提前命人将船改成了善于贩运活物的“活水船”（在船舱前部和左右侧开孔，孔上装绢纱，船在河中前行时，河水从前孔流入舱内，再从侧孔排出，使舱中水始终保持新鲜，便于鱼类长途运输），佯装成一众渔民，恐怕会遇一番缠斗，届时即便顺利躲过排查，也会耗时耗力……若是返程再走水路，怕是不成了。郭云宗想了一宿，渐渐有了主意。

活水船的效果很好，郭云宗的池鱼存放得当，一路颠簸仍是活蹦乱跳的，初到蜀地便被一抢而空。人们对于外来的东西始终保持着新鲜感，除了郭云宗的鱼，织物也是大受欢迎，相比于蜀锦的华贵精秀，苗锦与侗锦的朴素反而迎合了大多数百姓的口味，这倒教郭云宗有些意外。

待顺利换取食盐以后，郭云宗命人与船队解约，将货物装上马车，决定返程由水运改为陆运，过长江，经泸州、叙永、古蔺、乌蒙山这一线路入黔。

凭着对地形的熟悉，郭云宗带着众人穿山越岭，走的都是不寻常的小道，路上节省了近一半的时间，也避开了许多地痞贼人的骚扰，很快，便抵达了贵州城。

郭云宗不知道，在此刻的贵州城里，有一个天大的好消息正在等着自己……

第三节　虎场为家　枝繁叶茂

洪武二十五年（1392 年）腊月，郭云宗的长子元德出生。黄土坡的陈家上下忙成一团，严氏虚弱地躺在床榻上，眼含泪水，盼着远方的丈夫能早点回家来。陈母和朱氏则里外招待不停——陈家已成当地的大户，上门道贺者络绎不绝。而此刻，栉风沐雨的郭云宗正带着商队赶回贵州城，一入城，诸事吩咐停当，来不及约见焦琪与宋潜，便快马加鞭往家中赶去。

一别数月，恍若千秋。

当郭云宗看见母亲与妻儿的身影时，两行热泪潸然而下，他先是向母亲陈氏跪下行了一个大礼，继而感激地看了朱氏一眼，便快步走向严氏身边，握着她的手，一边体谅她的生子之苦，一边将沿途所见趣闻讲给她听，而对于自己一路所历艰难只字未提。

哄得严氏睡了，郭云宗走出房门，偶尔听得元德儿声啼哭，望着眼前这间旧宅，隐隐有了搬迁之意。如今母亲身体大不如从前，加上新添人口，原本并不宽敞的宅子越发显得拥挤了。至于搬到何处，何时搬迁，郭云宗忽然想听听朱氏的意见。自嫁入陈家，朱氏便一心为了整个家在操持，任劳任怨，或许只有她才是最有发言权的吧。

“我正有此意，原是打算妹妹生产之后，再跟你提起这事儿的，不成想……”朱氏听郭云宗说明来意后，有些意外地笑了。

“哦？真是巧了。我想听听你的看法。”郭云宗心下感动，果然，朱氏是个颇识大体的女人。

“既然我们陈家决计经商，须得找个便利所在。”朱氏缓了缓，又道，“如今驿道纵横，朝廷耗资修建驿站和铺递，我们何不环驿而居，迎来送往，也省去了车马奔波的劳顿。我们同卫所的粮食生意不就是在威清卫做起来的么？我看此地倒是个不错的去处。”

“妙啊，就依你所言！”郭云宗大喜，没想到朱氏竟有如此眼界，居家理事，实在是太过委屈了她。

此前，郭云宗又何尝不想迁居威清卫呢，只是顾虑到好不容易经营起来的家业，不愿轻易舍去黄土坡已经成熟的圈子，患得患失，终究难下决心。如今，自川归来，一路历尽曲折，再听得朱氏的一番话，这才恍然大悟：流水的生意场啊！

有了迁居的想法，郭云宗便一直托人物色着合适的住所，直到结识焦琴，他才算真正下定了决心。

这一日，郭云宗与宋潜在焦琪府中做客，三人饮酒闲谈，顺便商议着如何将这“以粮换盐”的买卖做大。谈到兴起时，焦府仆人来报，说是指挥大人来访。

这家仆口中的指挥大人，便是鼎鼎大名的威清卫的第一任指挥——焦琴。其父焦琼，做过当今皇上的军府军卫镇抚，年轻时曾跟随朱元璋在西征陈友谅、东讨张士诚的战争中屡建战功，颇受赏识。焦琼告老回乡之后，焦琴承袭了父亲的职位，自此便跟随大将军徐达北伐塞外，同傅友德将军一起征讨过云南，也因战功卓著，先后被封为永宁卫将军、武德将军和明威将军。后来，因奉旨平定内乱而入黔。洪武二十三年（1390 年），明朝在贵州宣慰司辖区分地设置了威清卫指挥史司，焦琴被任命为威清卫指挥，他也是第一位威清卫地方和军队的最高长官。

郭云宗对焦琴仰慕已久，彼此都是将门之后，都参加过明王朝的大小战争，都有过赫赫战功，获得过无尽的荣誉，自有一番惺惺相惜、相见恨晚的感觉。所以，还不待焦琪引见，郭云宗与焦琴已是你来我往，推杯换盏起来了！

酒到酣处，郭云宗吐露了自己想要迁居的想法，于是焦琴接过话来，极力邀请云宗举家迁至威清卫，并给出了他无法拒绝的几个理由：其一，与卫所合作，“以粮换盐”的生意原是焦琴授意，有了焦琴的支持，可保商队往返于川黔线一路无虞；其二，威清卫地理位置极佳，一条驿道连接川滇，东可至贵州城，西南经平坝过安顺达云南，西北过鸭池河经毕节进入四川驿道，是仅次于贵州城的重要军事要塞；其三，沿途驿站的管理逐步完善会让更多商贾云集于此，这也就意味着，有更多的机会能让自己施展拳脚。

听了焦琴一番话，郭云宗顾虑全消。当然，他并非一时耳热，早在从事粮盐生意之时，他就发现威清卫是块宝地，之所以踌躇不前，一是因根基不牢，二是家资尚浅，三是无人可倚。如今时机成熟，他迫切需要转移，迫切需要一个地方安身立命，将陈家真正壮大起来。另外，也是因为长子元德的出生，才让郭云宗渐渐有了紧迫感。

于是，洪武二十六年（1393 年）初，郭云宗携全家老少移居威清卫虎场。对于迁居一事，母亲陈氏有些不悦，若非严氏从旁劝说，晓之以理，事情还不知如何收场。不过一年的时间，陈氏的记忆力却衰退得厉害，且身上旧疾发作，眼看着要不行了。

郭云宗旁敲侧击，从严氏口中得知了母亲的心愿——回乡。为了满足母亲的心愿，郭云宗开始四处奔忙，他想在自己力所能及的范围内，送老人回南京城落叶归根。他明明知道，母亲的身体，经不起长途跋涉，很有可能会病逝异乡，可是作为儿子，唯有尽孝。毕竟，流亡在外，哪里都是他乡。

一切打点妥当，准备起程的时候，郭云宗忽然得到噩耗，这令他不得不马上将回乡的行程按下。

这个消息，便是震惊大明朝野的“蓝玉案”。

洪武二十六年二月，锦衣卫指挥蒋瓛告发蓝玉谋反，下狱鞫讯后，狱词称同景川侯曹震、鹤寿侯张翼、舳舻侯朱寿、定远侯王弼、东莞伯何荣及吏部尚书詹徽、户部侍郎傅友文等谋反，拟乘朱元璋劝农日发动叛乱。朱元璋得到消息后，下令诛杀蓝玉九族，并株连蔓引，自公侯伯以至文武官员，涉案被杀者约两万人。朱元璋还手诏布告天下，并条例爰书为《逆臣录》。被列入《逆臣录》的人中，还有一位公爵、十三位侯爵和二位伯爵。

听到这个消息，郭云宗震惊不已。他停下手中所有的事情，匆匆忙忙就往焦琴府上赶去。他不知道焦琴是否会受牵连，或者说，他已经管不了太多，只想从焦琴口中确认这桩惊天大案的背后到底隐藏了些什么，虽然有可能，焦琴什么都不知道。

入夜。焦府内外都很平静，仿佛没有人知道究竟发生了什么事。

郭云宗的到来，让焦琴感到很意外。他若有所思地看了他一眼，随即不动声色地问道：“不知云宗兄弟来此，有何贵干？”

“听说……京城出事了。”郭云宗开门见山道。

“你消息倒是挺灵通。怎么？”焦琴仍是疑惑地望着他，觉得一个生意人平白无故地紧张起南京城的事儿，有些不大对劲儿。

“近日欲陪母亲回南京城探亲，若是出了事，家母年迈，恐无力支撑回来……”郭云宗看出了焦琴的心思，于是故作自然解释了一通。

“哦，陈兄祖籍南京么？”焦琴放松了警惕，但口中仍然谨慎。

“不，我祖籍汾阳，南京城有几户远亲，多年未见，母亲想去见见。”郭云宗一边回答，一边想着怕是探不出什么有用的消息了。

正在犹豫要不要离去时，焦琴忽然开口了：“凉国公被诛了九族，无一人生还。一代名将，死状极惨！涉案者众，比之胡案，真是……有过之而无不及啊。如今南京城四处抓人，这阵子都不会太平。你们莫去。”

“都说这蓝大将军谋反，可有证据么？”郭云宗心中悲痛，想起金山之役，想起捕鱼儿海……那个脾气急躁、脸色发红的大将军从他的脑海跳了出来，沉寂了多年的关于战争的记忆变得鲜活起来，他做梦也没有想到，这位战功赫赫、能打能扛的军事天才，竟然会以这样的结果了此一生。

“莫说证据，满朝文武百官，敢为凉国公说话者皆视为同党，一并赐死。真是天恩浩荡！天恩浩荡啊……”焦琴说着，眼泪潸然而下。堂堂七尺男儿，上阵杀敌不曾哭过，遍体鳞伤不曾哭过，如今，却因皇上的毒辣无情而伤心掉泪。

“狡兔死，走狗烹。朝廷人心动荡，还望大人多保重！”郭云宗长叹一声，不知如何劝慰焦琴。他明白，焦琴曾跟随颍国公傅友德征讨过云南，而颍国公傅友德又与蓝玉走得近，难保不受连累，只好轻声叮嘱道。

谁知焦琴听了这话，先是沉默良久，继而仰天大笑道：“好一句‘狡兔死，走狗烹’，真是可悲可叹可笑可怜至极！我焦琴只是一介武夫，如今又远离朝堂，无论功勋品级，自难与那一公十三侯相提并论，只要蛮夷未肃、边境不宁，皇上总还用得到我。”

郭云宗心中一动，百般滋味翻涌上喉头，竟不知如何应他，只好微微抱拳道：“大人，日后若有用得到云宗的地方，知会一声，云宗必将结草衔环，以报大人，告辞！”

焦琴点了点头，朝郭云宗摆了摆手，随即黯然转身，将身形渐渐隐入黑暗中，远远看去，寂寞得像一尊冰冷的雕塑。

从焦琴府中出来，郭云宗明白，新一轮的屠戮才刚刚开始，南京城怕是再也回不去了。思及母亲，不由一阵感伤。

陈氏终于没能挨过这个春天。

临终前，她仍然对回乡一事念念不忘，虽眼神呆滞，口不能言，手指却吃力地指向北方，渐渐没了声息，至死终成遗憾。

“儿子不孝啊……”郭云宗眼眶微红，对着母亲的遗体长跪不起，无论严氏和朱氏如何劝解，也总是痴痴的，自责不已。二人见劝他不住，索性由着他去了，毕竟，她们认识的郭云宗，一直都太过成熟稳重了，如今真情流露，何不由着他放纵一回呢？

岁月更迭，时光如流。

丧母之痛随着时间渐渐淡去，取而代之的，是更加热心地为家业奔忙的日常。

郭云宗与宋潜及卫所之间的生意进行得异常顺利，在长期的摸索中，他们不但扩大了商队规模和物资种类，还在不断开辟新路线的过程中拓展了人脉并积攒了丰富的经验，很快便在威清卫一带盛名远扬。

常有经商者慕名而来，郭云宗皆不厌其烦，热情款待。时日一长，竟然在威清卫附近形成了一个以郭云宗为首的清明商圈，而郭云宗的“领袖”才能，也在接下来的一件改变了威清卫历史的事件中发挥了极其重要的作用。

洪武二十六年（1393 年），为巩固对云南的统治，保障黔滇之间的驿道畅通，同时也为提防水西叛乱，时任威清卫指挥的焦琴决定在当地修建城池，以形成天然屏障，抵御外侮。计划已定，却因选址问题而耽搁下来，迟迟不敢动工。

这一日，焦琴正与工匠讨论选址一事，听见郭云宗来访，本是工事缠身，欲拒不见，却听身边的人说道：“陈老爷说他此番前来，是为助大人一臂之力的。”

“啊！”焦琴听完，先是疑惑，随后略一琢磨，忽然像明白了什么，一拍脑门笑道：“我糊涂了，怎么把他给忘了？快快有请!”

郭云宗进得焦府，也不卖关子，而是谦逊地向焦琴行了一礼道：“指挥大人修建卫城，抵御外敌，乃是利民之举，百姓之福，云宗特来相帮，请大人吩咐便是!”

“陈兄弟爽快啊！不瞒你，我正有一事要请教你。”焦琴见他如此直爽，也顾不得其他，于是便将选址一事所遇困难如实告诉了郭云宗。

郭云宗听完，笑道：“这有何难？此事便交与我吧，待我明日测算之后，再来禀告大人。”

“如此甚好。另外，修筑城池，所费不少，朝廷虽有拨款，怕耗时日久，若是乡绅富贾能略尽薄利，焦琴必将铭记五内，感激不尽。”很明显，筑城一事说来容易，真正施行起来却是困难重重。

“实不相瞒，云宗正有此意。我愿捐资筑城，以报大人知遇之恩。”郭云宗说完，从身上掏出一沓银票，交到焦琴手中。

“知我者，兄弟也。”焦琴心下感动，且不接钱，而是握了郭云宗的双手，激动之情难以言表。

就这样，郭云宗应下了筑城选址的事情，开始里外忙碌起来，观天象，测地形，看方位，几经测算之后，终于决定将卫城地址选在威清卫的核心地区——中正路。

而平日里与郭云宗交往甚密的富贾乡绅们，在听说郭云宗带头为威清卫捐资筑城之后，纷纷效仿，不出半月，焦琴便收到了大家集来的银钱，对待领头人郭云宗更是奉为上宾。

最终，耗时数月，由焦琴率领军民修建的威清卫城终于如期竣工。城为土筑，城墙长七百九十六丈，高一丈五尺，宽一丈。设置东南西北四门以供出入，东名安阜，南名振武，西名长宁，北名安远，并置城楼四座，转角楼一座。

威清卫城的建立，大大提高了卫所本身的防御能力，同时，在贵州城西部形成一道军事屏障，为日后作战提供了便利。随着朝代的更替，威清卫城几经增修扩展，加固城防，逐渐发展成为一个重要的军事和经济要塞，为贵州的发展带来了不可估量的促进作用。

而这一切，与焦琴的勤政爱民与郭云宗的从旁协助是分不开的。经此一事，郭云宗更是善名远播，成了威清卫当地鼎鼎有名的“陈大善人”。

第四节　振兴清镇　造福一方

威清卫建城之后，郭云宗以威清卫城为中心，逐渐将生意往城外扩展开来，不到五年的时间，便已在威清卫有了自己稳固的实业圈子。

而这五年间，朱氏与严氏那里也是喜报频传，先后为郭云宗又生下了五个儿子，依次取名为：陈权（元相）、陈位（元周）、陈胆（元伯）、陈璞（元朝）、陈琏（元金），郭云宗喜不自胜，一方面家族枝叶繁茂，一方面生意顺风顺水，人生如此，夫复何求呢？

然而毕竟还是有遗憾。在“蓝玉案”之后的几年，郭云宗曾写信给叔父郭英和大哥郭振，都收到了回信。他知道叔父在朝中还算安稳，但时局动荡，且圣上身体状况不佳，一旦崩殂，恐生大变，不由得替叔父担心起来。至于大哥那边，说是一切安好，也不知真实情境如何。另一方面，好友焦琴疾病缠身已一年有余，精神大不如从前，也不知道能否挺过去。

这一年，是公元1398年，明洪武三十一年。

六月二十四日，明太祖朱元璋驾崩，举国哀恸，皇太孙朱允炆即位，改年号为建文，史称明惠帝。

郭云宗知道这个消息，是来自郭英的家书，这一封家书之后，两人渐渐少了联系。他知道，新帝年幼，心存仁厚，却大权旁落，朝中藩王割据，且良臣猛将几乎被太祖皇帝屠戮干净，若真是生了内乱，打起仗来，叔父肩上的担子不可谓不小。恐怕从此刻开始，他正陪伴在新皇左右，忙着出谋划策呢。

偶然一瞬间，郭云宗会生出一种无力感，山高水长，不知何时能再见叔父与姑姑一面，叔父年老，却因朝廷人才紧缺，善武者乏，不得不随时于新皇身边待命。而姑姑此刻，却不知在哪个冰冷的后宫里独自垂泪，思念先皇呢。人生多悲，仿佛将他对前朝皇帝的恨也慢慢磨平了。而长辈们亦渐渐远去，行孝一事好似永远都无法及时。

糟糕的是，这种无力感还在持续……

建文元年（1399 年）十月，焦琴病逝，他终于还是没有熬过这一年。郭云宗去见了焦琴最后一面，他面容枯槁，形销体瘦，全没了之前的英勇之气。回首这几年，二人关系越发亲密，称兄道弟，无话不谈，却没想到，他还是没有陪着自己走下去。

此时的大明朝，战乱仍在继续。新皇朱允炆登基之后，听从亲信大臣齐泰、黄子澄的建议，采取了一系列削藩措施，此举引来了燕王朱棣的不满，他于建文元年起兵反抗，随后挥师南下，直捣应天（今南京），史称“靖难之役”。战争持续了整整四年，由于朱允炆谋略不足，先后派出耿炳文、李景隆迎敌，但最终兵败如山倒，无力回天。建文四年（1402 年），帝都被攻陷，战乱中建文帝下落不明。

郭英随耿炳文、李景隆一起，参与了讨伐燕王朱棣的这场战争，终因主帅无能，大军一溃千里。靖难之役后，朱棣登基为帝，郭英被罢免回乡，不到一年，郁郁而终，享年六十七岁。

远在黔贵的郭云宗听说叔父的死讯后，悲从中来，面向凤阳方向长跪不起。他本想在战乱结束之后，接叔父来黔居住，怎料世事多变，这一犹豫，终归还是错过了，不觉悔恨交加。

郭英逝后不久，郭云宗的七子陈瑛（元秀）出世。这一年，郭云宗三十九岁。幼子的出生对郭云宗而言是最大的安慰，仿佛冥冥之中有叔父的英魂保佑，小儿子生得格外健壮活泼。中年得子的郭云宗，自然对他偏爱几分，甚至在此后的很多年里，一直到老死，当所有的儿孙都外出打拼成家立业之后，他对元秀的偏爱亦始终如一，一直将他留在自己身边住着。

也是从这一年开始，郭云宗逐渐淡出商界，他在乡下建起一所学堂，安安静静地做起了“两耳不闻窗外事”的教书先生，将自己毕生所学，悉数传于后代，邻里街坊倾慕其才，争相送子入学，陈先生的雅名也渐渐为人称颂。而陈家的七子经过郭云宗的教导，皆有胆有识，能文能武，年纪轻轻，个个都有了安身立命的本事。

其中，长子元德继承了父亲郭云宗敦厚稳重、心思缜密的特点，在父亲的授意下，及冠之后便开始接手一部分家族的生意，经商不出半年，已经能摸索个所以然出来。他将父亲所授的生意经仔细琢磨之后，大胆招募夷人入驻商队，同意他们将自己民族的特色引入买卖之中，并鼓励他们积极提出建议，一旦采用，便给予奖赏，此举大大调动了贵州土著居民，尤其是土人（又曰穿青人）从商的积极性，经过多次磨合之后，元德率领的汉人商队已经能与土人商队和平共处，甚至结成姻亲。先进的汉文化正一点一点渗入贵州大地，给当地人带来了极大的便利，也加速了民族融合的进程。时日一长，陈恩（元德）在土人之间名声大起，他的后代也逐渐向土人靠拢，直至数百年后的今天，纳雍县、大方县和织金县等穿青人遍布的地区，仍旧有元德的子嗣后代绵延不绝。

另有元相、元周、元伯、元朝、元金五子，看着大哥元德年纪尚轻便有了一番大作为，皆跃跃欲试，争相进取，想早日参与到家族的生意之中。待五子年纪稍长一些，郭云宗将他们叫到身边，耐心道："男儿志在四方，你们五兄弟且自去闯荡，家中有元德照顾，一切无碍。"

五兄弟听完，面面相觑，不知说什么好。最小的元金索性带着哭腔问道："爹爹这是赶我们出门吗？儿子不知有何过错，竟不得您老人家喜欢。"

"父母之爱子，则为之计深远。你们年岁大了，也该出去历练一番。云贵之广，足够你们安身了。"说完，摆了摆手，便安排家仆将五个儿子送出了家门。

郭云宗此举，也是不得已而为之。郭家业大，虽然七子之间能和睦相处，但他不得不担心日后他们会因为家产一事生出纠纷来，他辛苦经营了大半辈子的家业，不愿落得个兄弟相争两败俱伤的惨淡下场，更重要的是，他想让五个儿子能各自独当一面，这样的磨炼才能真正让他们成长起来，所以早早安排家仆在云贵境内为五子寻了几个去处，特意将他们遣散开来，独留了元德与元秀兄弟二人在身边。元德聪明仁厚，自然明白这其中的道理，也不厌其烦地指导着年幼的元秀，盼着他快些长大，可以早日接手祖上的基业。

一切都按自己设定的方向在进行着，除了元秀。这个孩子，对商贾之事丝毫不感兴趣，却好舞文弄墨，像极了当年离开南京外出云游时的郭云宗，或者说，更像是云宗的三叔——郭德成。想起三叔，郭云宗无奈地摇了摇头，终此一生，自己怕都及不上三叔的半点洒脱啊，那是要经历怎样的大起大落，才能看清楚当世的凉薄与无情啊！

思绪回到了小儿子元秀的身上，他性格恬淡，洒脱不羁，一心只在山林之间。郭云宗只得放宽心思，将培养元秀的想法收了回来，将家业都交给了元德打理，任由元秀陪伴自己身边，期待以后能过着悠闲自得、含饴弄孙的闲散日子。

另一边，元相、元周、元伯、元朝、元金这五个儿子在外奔波久了，终于体会到郭云宗的一片苦心，他们谨记父亲的教诲，将他所授的学识与技艺加以革新，凭借一腔热情和郭云宗在钱财上的一些资助，很快便成家立业，各有所成。后来，为了住得离父母近些，五人渐渐携妻带子又迁回了威清卫，他们的后裔也以威清卫为据点，在附近定居下来。据家谱记载，直到今天，在贵州清镇的站街、猪场堡、黄柿寨（旧称黄丝寨、黄司寨）、茶花哨、威清茅草坪、百花哨等地，仍可见郭云宗后裔的身影。

十年一梦，白云苍狗。

郭云宗这一生，经历了好几次朝代的变迁，建文、永乐、洪熙、宣德、正统……每一个平凡的年号之后都有着不为人知的波澜壮阔，也有着不为人知的蝇营狗苟。只是，庙堂之高他已无暇顾及，江湖之远才是他余生的目的。

渐渐地，老朋友们都一个接一个先他而去了，郭云宗的意识逐渐模糊，时常记不得今夕是何年。

此刻，年过八旬的郭云宗躺在院中的竹椅上晒着太阳，双手颤悠悠地翻着一本书，泛黄的旧书页之间，掉落出一封信来，浓浓的岁月感扑面而来。

那是洪武年间避难贵州时带来的——祖父郭山甫写给自己的亲笔信，看着熟悉的字迹，郭云宗又想起随父亲郭兴和四叔郭英一起驰骋沙场、南征北战的过去，还有因胡狱而连累全家流落贵州的那些日子，回忆涌过来，恍如大梦一场。

泛黄的旧家书倏然跌落在地上，郭云宗双眼微闭，呼吸渐弱，好似进入了梦乡。身旁，孙儿大明一直唤着“爷爷，爷爷”，榻上的老人却再也没有睁开过眼睛……

郭云宗的一生，时而波澜壮阔，时而沉静如水。戎马半生的辛劳，自落基贵州城之后，皆化为无穷无尽的生产动力。他带来了中原先进的生产方式和生活方式，并将这些以当地人喜闻乐见的方式融入这片古老而贫瘠的土地，无论是种植还是养殖，经商还是创业，行善还是筑城，他都做得有声有色，为威清卫的发展做出了巨大的贡献。在发家致富的同时，也不忘根本，虽已易姓为陈，却始终记得自己祖源乃汾阳郭氏，并告诫后人“郭陈二姓是一家，子孙后代不能打亲家”，将传承的理念根植于子孙后世心中。

不知从何时起，一个奇特的家族“郭陈氏”在威清卫崛起，并迅速向周围扩展开来。据清朝康熙年间陈志高主修的家谱记载，至康熙年间，郭云宗的后裔已发展上百户，三十二个支头，他们遍布清镇（威清卫），以“陈”姓命名的院落、道路、商铺、村庄比比皆是。至清嘉庆年间，“郭陈氏”已发展成当地旺族，不少宗支也逐渐恢复了自己的本姓——“郭”姓。据嘉庆年间郭朝臣主修的家谱记载，郭氏后裔以清镇为中心，播迁水城、毕节、安顺、兴义、黔南等贵州全境，甚至扩展到了云南镇雄和昆明等地。

与此同时，威清卫也在历史的长河之中不断地发展变化着。自明洪武二十六年（1393 年）修筑威清卫城以后，分别又于明万历、清康熙、乾隆年间对原有的城池进行过重修，每次重修后，卫城都有所扩大。清康熙二十六年（1688 年），裁去威清卫、镇西卫和赫声所、威武所，以其辖境合并置县。取威清之“清”、镇西卫之“镇”，定名为清镇县，治所于威清卫城（今清镇市区），隶安顺府，清镇这个名字一直沿用到当代。

毋庸置疑，郭云宗的出现，对清镇古城而言，意义巨大。他从事商贸，以粮换盐，将丰富的盐粮从外地运回贵州，填补了本地的物资缺口，避免了因盐资奇缺而引起的动乱与恐慌，有效保证了当地的政治稳定。另一方面，明朝驿道交通的纵横发展，为川黔滇桂等地的经济交流提供了很好的便利，也是郭云宗家业发达的基础。他利用这一点，以清镇为介，将贵州的东西运到五湖四海，极大地推动了黔地与外省的贸易往来，也将这块少为人知的“蛮荒之地”，渐渐地推到了世人的眼前。

郭云宗不会想到，原本集居于清镇的后人们，如今会遍布整个黔滇大地，他更不会想到，经过六百多年的迁徙与融合，他的后裔会逐渐发展成今天的布依族、彝族、苗族、仡佬族、黎族、水族、汉族等七个民族及待识别民族“穿青人”来。

而这一切，也许仅仅源于一个十八岁少年曾经对这片土地执着的思念与留恋，和他成年之后饱经风霜的苦难。正是这份执着，成就了郭云宗的后半生，得以让他在清镇的历史上声名远扬。即便过了六百多年，他的事迹依然在祖国的滇黔大地之上，被数十万子孙后裔不停地传颂着，任凭岁月如何冲刷，始终不曾磨灭半点忠义美名，英气自长留。

附 录 一

第一节　郭兴在大明王朝建立统一中的历史作用

郭兴（1330—1384），郭云宗之父。公元1330年，郭兴出生安徽濠州凤阳钟离村，原名郭子兴，公元1352年跟随朱元璋参加红巾军起义，投在红巾军起义将领郭子兴麾下当一名军士，因避讳改名郭兴。《明史》有传：

> 郭兴，一名子兴，濠人。滁阳王郭子兴据濠，称元帅，与隶麾下。太祖在甥馆，兴归心焉。军行，尝备宿卫，累功授管军总管，进统军元帅。围常州，昼夜不解甲者七月。城下，受上赏。从攻宁国、江阴、宜兴、婺州、安庆、衢州，皆下之。战于鄱阳，陈友谅连巨舰以进，我师屡却，兴献计以火攻之。友谅死。从征武昌，斩获多，进鹰扬卫指挥使。从徐达取庐州，援安丰，大败张士诚兵。平襄阳、衡、澧。还克高邮、淮安。转战湖州，围平江，军于娄门。吴平，擢镇国将军、大都督府佥事。

洪武元年，从达取中原，克汴梁，守御河南。冯胜取陕州，请益兵守潼关。达曰：“无如兴者。”遂调守之。潼关，三秦门户，时哈麻图据奉元，李思齐、张思道等互为犄角，日窥伺欲东向。兴悉力捍御。王左丞来攻，大败之。从徐达率轻骑直捣奉元。大军继进，遂克之。移镇巩昌，边境帖然。

三年为秦王武傅，兼陕西行都督府佥事。其冬，封功臣，兴以不守纪律，止封巩昌侯，食禄一千五百石，予世券。四年伐蜀，克汉州、成都。六年从徐达镇北平，同陈德败元兵于答剌海口。十一年练兵临清。十六年巡北边。召还，逾年卒。赠陕国公，谥宣武。二十三年追坐胡惟庸党，爵除。

公元1352年，郭兴参加了滁阳王郭子兴濠州红巾军起义后，很快就从一个农民成长为朱元璋领导集团的核心成员。据《明太祖实录》记载：公元1356年，郭子兴（郭兴）升任“管军总管”；公元1357年任“统军元帅”；公元1364年任“鹰扬卫指挥使”；公元1368年，任“都督佥事”；公元1370年6月任“秦王府武传仍兼陕西行都督府佥事都督”；公元1370年11月，朱元璋大封功臣，“授开国辅运推诚宣力武臣荣禄大夫柱国封巩昌侯食禄一千五百石”。公元1373年5月，郭子兴同徐达“驻师临清”；公元1373年6月，同傅友德等“统步兵分驻山西北平等处”；公元1373年8月，同陈德等“进兵至答剌海子口”；公元1374年3月同冯胜、汤和“复镇北边”；公元1379年同周德兴等

“临清练兵”；公元1383年冬十月同徐达等“巡抚北边”；公元1384年10月同汤和等“入计边务”；公元1384年11月病逝，葬于金陵聚宝山（南京雨花台）西。追封“陕国公谥宣武”，享年54岁。

纵观郭兴的一生，几乎都是在马背上度过的，他跟随朱元璋、徐达等人出生入死，围常州（江苏），攻宁国（安徽宣城）、江阴（江苏）、宜兴（江苏无锡）、婺州（浙江）、安庆（安徽）、衢州（浙江），战鄱阳（江西），征武昌（湖北），取庐州（安徽凤阳），援安丰（江苏），平襄阳（湖北）、衡（湖南）、澧（湖南），克高邮（江苏）、淮安（江苏），战湖州（浙江），围平江（湖南），军于娄门（江苏）。征战的足迹遍布大江南北，为大明王朝的建立奠定了坚实的基础。

公元1363年的鄱阳湖大战，是元朝末年朱元璋和陈友谅为争夺鄱阳湖水域而进行的一次战略决战，决战以朱元璋的完全胜利而告终。此战，朱元璋趁陈友谅军久攻受挫，分兵据守鄱阳湖口，先断其退路；继集中兵力，采用郭兴献计巧用火攻，歼其主力；后水陆截击，全歼陈军于突围之际，创造了中国水战史上以少胜多的著名战例，为统一江南奠定了基础。

大明王朝建立后，郭兴为朱元璋一统天下，为大明王朝的统一和巩固尽忠职守，相继取中原（河南），克汴梁（河南开封），守御河南，取陕州（河南三门峡），守潼关（陕西），捣奉元（陕西西安），镇巩昌（甘肃陇西，明代属陕西），伐蜀（四川），克汉州（四川广汉市）、成都，镇北平（北京，属河北省），败元兵于答剌海口（今内蒙古达来诺尔湖），练兵临清（山东），巡北边（黑龙江），不愧为大明王朝的一代开国功臣。

总之，郭兴的一生为朱元璋的江山立下了汗马功劳；无论是消灭元朝的残余势力，还是征战陈友谅、大败张士诚，平定四川、收复甘肃等，都立下过赫赫战功，在大明王朝的建立和统一中功不可没。

同时，郭兴治军纪律严明，不论是守潼关、镇巩昌，还是伐蜀和练兵临清期间，他一方面下令士兵不许扰民，维护好当地社会治安；另一方面积极鼓励当地百姓发展农业和商贸，将江南地区的农作物品种及茶叶等商品带到陇西地区，大大促进了陇西地区与周边地区的贸易与经济往来，从而间接加强了各民族之间的交流和团结。繁荣的边境贸易在为各地人民带来福利的同时，也极大地促进了民族融合，汉族的生活习惯与明朝的先进文化逐渐深入人心，这为明朝收复边境，推进统治提供了良好的先决条件。

不难看出，郭兴不愧是大明王朝的开国元勋。他参加大小战役上百个，征战的足迹踏遍了大半个中国。可是，命运的结局与其他开国元勋一样，也不得善终。

其实，多疑的朱元璋早在建国初期就开始猜疑郭兴的“忠诚”。洪武三年（1370 年）大封功臣时，郭兴凭自己的军功实力，封个王绰绰有余，朱元璋却以郭兴“不守纪律”为由，只封了个“巩昌侯”。洪武十七年（1384 年），郭兴逝世后追封为“陕国公”，按理说应该盖棺定论了。谁又能想到洪武二十三年（1390 年），朱元璋以涉嫌“胡惟庸案”为由，将郭兴“陕国公”封号撤销，“巩昌侯”爵位革除，迫使其后人远走他乡。

第二节　郭云宗入黔的历史背景

在明朝洪武年间，相继发生了“胡惟庸案”、“空印案”、“郭桓案”和“蓝玉案”，史称明初四大案，亦称洪武四大案。其中，胡惟庸案和蓝玉案，史称“胡蓝之狱”。

明初四大案，实际上就是明太祖朱元璋为巩固其统治地位，排除异己、诛杀开国功臣而精心策划的政治事件。

胡惟庸案（1380—1390），史称“胡狱”，就是朱元璋诛杀丞相胡惟庸及大肆株连杀戮功臣宿将的政治事件。此案发生在洪武十三年（1380 年），以诛杀丞相胡惟庸开始，到洪武二十三年（1390 年）《昭示奸党录》颁布而结束，持续十年之久，前后共诛杀三万余人。

洪武六年（1373 年），淮西朋党集团的领袖李善长推荐其同乡兼姻亲胡惟庸担任右丞相。洪武十年（1377 年），胡惟庸升任左丞相。胡惟庸在七年的丞相任职期间，朝中遍植朋党，排除异己，使得淮西朋党集团的势力不断膨胀。胡惟庸的独断专行，让权力欲极强的朱元璋，深感丞相专权、皇权旁落的危机。

洪武十二年（1379 年），占城（今越南南部）来贡，胡惟庸和当时的右丞相汪广洋等人匿而不奏，结果被太监告发，朱元璋勃然大怒，斥责省臣。胡惟庸和汪广洋却将责任推到礼部头上，相互推诿扯皮，使得朱元璋更为恼火，于是将一干人等全部囚禁起来，让他们招出主谋，不久，汪广洋被处死。此后，又以汪广洋曾违法纳官妇女为妾，下令查究胡惟庸及其六部堂属的罪行，朱元璋皇权与胡惟庸相权之间的矛盾已趋于白热化。

洪武十三年（1380 年），涂节自首上告胡惟庸谋反。朱元璋借机以“枉法诬贤”“擅权枉法”“蠹害政治”罪将胡惟庸、陈宁和涂节等人处死。胡惟庸被杀后，案件并未终结，他的罪名在不断升级。从“擅权植党”上升到“通倭”、“通虏”和“谋反”，胡惟庸案不断牵连和扩大化，使该案的同谋犯越查越多，牵涉的面也越来越广，株连蔓引，牵连出更多的官员。

洪武二十三年（1390 年），朱元璋将《昭示奸党录》布告天下，乘机又杀了几十家的权臣勋贵。李善长、陆仲亨、唐胜宗、费聚、赵庸、金朝兴、叶升、毛麒、李伯升和丁玉等人，都因与胡惟庸有勾结而被处死。其中位居“勋臣第一”的太师韩国公李善长，在洪武十三年胡惟庸案始发时，因为元勋皇亲，已免于追究，但十年以后，有人以李善长与胡惟庸共同谋反，朱元璋顺水推舟，将李善长一家七十余口一律处斩。

胡狱一出，南京城人心惶惶，曾经随着朱元璋一起征战沙场、建功立业的武将功臣们心灰意冷，在相互猜忌告发、疑神疑鬼之中惴惴度日，一时朝野上下乌云遮蔽，不见曙光。《昭示奸党录》牵连人数之广，让人咋舌，文臣武将无论生死，“涉案”者无一幸免于难。

这场惊天大案持续了十年之久，伴随着郭云宗从懵懂无知到刻骨铭心。洪武二十三年（1390年），朱元璋颁布的《昭示奸党录》中，虽然没有郭兴的名字，但是郭云宗心里十分明白，这是姑母宁妃和叔父郭英从中斡旋的结果。宫中早就传来消息，父亲郭兴“陕国公”的封号和“巩昌侯”的爵位是保不住的。此时此刻，郭云宗回想父亲戎马一生，为朱元璋的江山征战沙场。郭氏一门忠烈，上无愧于太祖，下无愧于先祖，朱元璋却因旁人捕风捉影的一些闲话，竟然连一个已故之人都不肯放过，让他在九泉之下不得安宁。这难道就是父亲生前一直信奉的家国荣耀？

思前想后，郭云宗心灰意冷，愤愤不平。但是，军人的直觉告诉他，胡狱仅仅是开始，相权的覆灭无疑进一步突显了将权与皇权之间的矛盾。父亲封号撤销和爵位革除，并不意味着事情的完结。以朱元璋多疑的性格，斩草不除根，春风吹又生。子女不但前途渺茫，而且必将受到株连。为了郭氏一门，早作打算才是上策。

可是，天下之大，何处安身？思来想去，贵州才是最理想的避难之所。首先，贵州城远离朝廷政治中心，山高皇帝远，许多地方政权都是云南统一之战后才建立起来的，朝廷的势力还一时难以渗透。其次，贵州古夜郎有“天无三日晴，地无三尺平，人无三分银”之说，人烟稀少，民风淳朴，便于隐居。最后，贵州卫所的很多长官都曾经是父亲和叔父的部属，有的还是自己征南时的战友和相识。考虑成熟后，郭云宗把自己的决定告诉了叔父和姑母。

公元1390年，在宁妃和郭英的谋划与安排下，郭云宗告别了亲人，背井离乡，踏上了流亡之路，再次来到了熟悉而陌生的黔地，落业贵州城茨南门黄土坡核桃园。从此，喧闹的南京城少了一员战将，偏远的古夜郎多了一位居士。

郭云宗定居威清卫城后，一方面将中原地区先进的生产和生活方式注入贵州这块蛮荒而贫瘠的土地；另一方面，带领乡民发展边贸经济，发家致富。同时，牢记祖训，娶妻生子，开枝散叶。六百多年过后，拥有近八十万人口、多个民族的郭氏后裔繁衍在黔滇大地之上。

第三节 当代郭云宗后裔概况

一、人口状况

郭云宗一脉，自明朝洪武年间至今，历经六百多年的历史变迁，目前已有二十六代子孙传世。据不完全统计，郭云宗后裔人口截至2018年年底已近八十余万，主要分布在贵州和云南两省。其中，贵州省后裔占郭云宗后裔人口总数的80%，集中分布在毕节市、六盘水市、贵阳市和安顺市。铜仁、黔南、黔东南和黔西南地区的郭云宗后裔所占的比例较小。居住在云南省的后裔人数较少，仅占郭云宗后裔人口总数的15%左右，集中分布在镇雄、曲靖和昆明一带。湖南、广西和四川等省份的郭云宗后裔，多数是新中国成立后，特别是改革开放以后外出务工安家立业的族人。

清镇，是郭云宗后裔的发祥地。据《郭氏家谱》记载，郭云宗定居清镇后，娶严氏和朱氏祖母，生有元德、元相、元周、元伯、元朝、元金和元秀七子。元德住“猪场堡”（今天清镇站街镇），元相住“菠萝口”（今天清镇红枫湖镇菠萝口村），元周住“威清茅草坪”（今天清镇犁倭镇茅草寨村），元伯住“黄丝寨”（今天清镇站街镇黄柿寨村），元朝住“茶花哨”（今天清镇茶马古镇），元金住“威清东门桥”（今天清镇青龙街道办事处），元秀住“虎场”（今天清镇站街镇猫场村）。

从今天清镇市的行政区划上不难看出，新岭、红塔、巢凤、百花和红新五个社区及红枫湖镇、站街镇、犁倭镇等，都曾经居住过郭云宗后裔。而且，今天的清镇市区及卫城、新店、犁倭、流长等乡镇，仍有郭云宗后人居住。目前居住在其他地区的郭云宗后裔都是在不同历史时期，分别由清镇这一聚居区迁徙而出的。

在贵州省九个地级行政区划单位中，郭云宗后裔人口数量毕节市最多；而在毕节市所辖的七个县区中，纳雍县郭云宗后裔人口占郭云宗人口总数的50%，纳雍是郭云宗后裔第二个发祥地。今天居住在其他区县的很多郭云宗后裔，都是从纳雍迁出的。

纳雍县位于贵州省西北部、毕节市南部，与大方县隔河相望，因县南有一纳雍河而得名（亦取纳民雍熙之意）。目前纳雍县辖居仁、文昌和雍熙三个街道办事处；鬃岭、阳长、维新、龙场、乐治、百兴和张家湾七个镇；勺窝、寨乐、老凹坝、沙包、水东和曙光六个乡；新房、厍东关、董地、化作、姑开、羊场、锅圈岩、昆寨、左鸠嘎和猪场十个民族乡。纳雍的每一条街道、每一个乡镇，都有郭云宗的后裔，这话一点儿也不夸张。

二、民族构成

郭云宗，汉族，这毋庸置疑。

但是，避难贵州后，子孙经过数百年的迁徙，与各民族之间相互交融。同时，为避责难，有的后裔赘入他族。目前，除汉族外，已经发展形成布依族、彝族、苗族、仡佬族、黎族、水族和待识别民族“穿青人”等七个新的族别。其中，“穿青人”的人口数量最多，主要集中分布在织金、大方和纳雍三个县，人口约占郭云宗后裔人口总数的60%。纳雍县的郭云宗后裔，在族别上都是“穿青人”，纳雍还有“穿青人一条街”。

除穿青人外，布依族的人口数量要居第二，主要分布在毕节黔西、大方、贵阳清镇及安顺平坝一带。水族，主要集中居住在大方县黄泥塘镇背座郭家寨。黎族，主要集中居住在安顺关岭一带。汉族、彝族、苗族和仡佬族的人口数量相对较少，居住分散，各片区都有一点。

总之，郭云宗一脉，六百多年来在黔滇大地上繁衍生息，通过与周边其他民族的不断交流和融合，从一个单一的族别发展壮大成为拥有多民族构成的群体。我们深信，随着我国民族团结和民族政策的不断深化，郭云宗后裔的民族构成必将得到进一步的丰富和壮大。

三、独特的民族传统文化

郭云宗的广大后裔，在不断迁徙和融合中，与各民族之间相互学习、相互借鉴的同时，逐渐形成了一些独具特色的古村寨与部落，并结合当地政府的有效政策，大力宣传与发展旅游业，使传统的少数民族文化得到了进一步的扩大与弘扬，为传播中国历史名人文化与家族文化做出了卓越的贡献。

如毕节市大方县黄泥塘镇背座村郭家寨，是一个风景秀丽、民风淳朴的水族村寨，是郭云宗派下陈维公的后裔。大方县委政府为给地方旅游经济注入文化底蕴，联合县旅游局、交通局、民宗局、文物所多家单位启动了“拯救水族客厅，再现天籁之音”项目。在2016年12月27日深圳“2016年首届中国新乡贤公益互助大会上”，“拯救水族客厅，再现天籁之音”项目勇夺桂冠。

又如号称“中国穿青人第一乡”的纳雍勺窝乡，2014年在第四届中国特色镇发展论坛暨美丽中国特色镇主题行活动中，入选“首届中国特色镇发展创新典型案例征集”活动创新典型案例，成为中国特色镇旅游新干线试点乡。

此外，郭云宗后裔人才辈出，在中国近现代史上，涌现出陈志高、郭朝臣、郭桂丹、郭琼瑶、郭桂良、郭桂祥、郭祥举、郭珍荣（女）等不少优秀儿女。他们中有组织修谱，传播根祖文化的领头人，有参加北伐战争、长征、抗日战争、解放战争和抗美援朝献出生命的普通战士，有中华人民共和国全国人大代表。他们的事迹对后世影响深远，对子孙后代注重家庭、注重家教、传承和弘扬郭氏家风，有着重要的模范教育意义。

总之，郭云宗后裔，不分民族，不论籍贯，不分名人百姓，不论男女老幼，都在各自的岗位上，传播着家国文化，兴家报国。过去是这样，现在是这样，将来还是这样！

第四节　郭云宗的历史评价

郭云宗（1363—1445），元末明初人，公元 1363 年（元至正二十三年）出生于安徽凤阳。祖父郭山甫，祖母单氏；父亲郭兴（亦名子兴），母亲陈氏；叔父郭德成、郭英，姑母郭宁莲。公元 1371 年移居南京；公元 1376 年在北平从军；公元 1378 年出征山东；公元 1380 年镇守北平；公元 1381 年出征云南；公元 1384 年因父亲郭兴去世在家守孝；公元 1387 年出征辽东；公元 1388 年参加捕鱼儿海之战。公元 1390 年因“胡惟庸案”落业贵州，先后娶严氏和朱氏生元德、元相、元伯、元周、元朝、元金、元秀七子。公元 1445 年（明正统十年）仙逝，享年八十二岁。坟墓位于贵州省清镇市犁倭镇柿花园村打铁寨，字向为艮山坤向兼丑未。

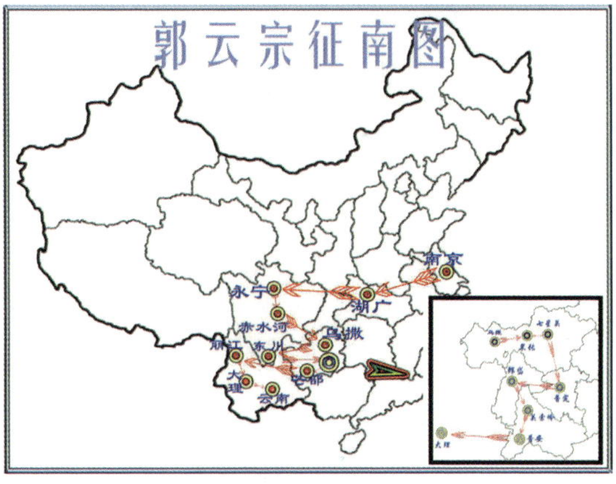

郭云宗作为将门之后，参加了明朝历史上著名的平南之役和捕鱼儿海之战，对消灭元朝残余势力，促进大明王朝的统一具有一定的历史作用。

元朝灭亡后，其残余势力（元梁王匝剌瓦尔密）盘踞云南，成了明朝统一的最大障碍。朱元璋强烈意识到“西南不稳，国无宁日”，于是在洪武十四年（1381 年）策划了统一云南之战，史称“平南之役”。

平南之役（1381—1382），亦称明平定云南之战。公元 1381 年九月，朱元璋命傅友德为征南将军，蓝玉、沐英为左、右副将军，率步骑三十万征讨云南。明军进至湖广（约今湖北、湖南）后，兵分两路：一路由都督郭英领兵五万，经永宁（今四川叙永）南下取乌撒（今贵州威宁）；一路由傅友德率主力二十五万，经辰州、沅州（今湖南沅陵、芷江），占普定（今贵州安顺），直趋云南。

郭云宗随叔父郭英的五万北路大军从湖广出发，经四川永宁到达赤水河后，就遇到了元右丞实卜残余势力的抵抗。北路大军被阻于赤水河，恰好遇赤水河河水暴涨。郭英令兵士斩木造筏，半夜渡河，等天亮敌军发现时，明军已冲到阵前，大败元军，歼敌三千余人。元右丞实卜率余众仓皇逃遁，明军进占乌撒，攻克黑张、七星关，直达毕节、郭张城，经威清驿站（清镇）到达安顺普定，转战郎岱、关索岭一带。

占领乌撒后，傅友德的东路大军和郭英都督的北路大军胜利会师，梁军兵全一处向曲靖进发。梁王在曲靖布下十万精兵抵挡明军。傅友德、郭英等昼夜兼程，乘浓雾趋曲靖，进至白石江边。曲靖守将达里麻忙将精锐部署在江边，准备决战。明军佯作渡江之状，暗中派数十人从下游渡江，绕到敌军阵后，鸣金鼓，树战旗，迷惑敌军。达里麻果然中计，撤兵御背后之敌，明军趁其阵乱渡江，矢石如雨下，生擒达里麻，元军横尸十余里，曲靖平。梁王闻败，弃昆明城出逃，不久自杀，明军占领昆明。公元1382年，明军攻克大理，段氏就擒。继克鹤庆（今属云南）、丽江（今云南丽江纳西族自治县）等地，至此平定云南全境。平定云南后，明朝政府为开发西南，巩固边防，于洪武十五年（1382年）二月建立云南都指挥使司和云南布政使司，管理云南军政事务，并于军事要冲地区，设置卫所，屯兵戍守。

云南平定后，元朝的残余势力就只剩脱古思帖木儿北元小朝廷了。洪武二十年（1387年），朱元璋任命蓝玉为大将军，唐胜宗、郭英为左、右副将军，率领十五万大军出塞，彻底歼灭北元小朝廷，史称“捕鱼儿海之战”。

捕鱼儿海之战（1388年），又称捕鱼儿海之役、捕鱼儿海大捷、捕鱼儿海战役，是指明朝洪武年间在捕鱼儿海彻底消灭元朝残余势力的最后决战。

公元1387年九月，郭云宗随叔父左将军郭英部出发，进攻北元。1388年三月，明军从内蒙古宁城一带出发到了巴林右旗西北的庆州时，得知元主脱古思帖木儿在捕鱼儿海的消息。大军偃旗息鼓，日夜兼程到达捕鱼儿海，元军无所觉察。猝不及防的北元军队来不及列阵，只能仓促应战。北元小朝廷直属的中央禁卫军中的两员悍将太尉蛮子被郭英当场挥刀杀死，太师哈剌章在大营被蓝玉攻破后下落不明，脱古思帖木儿和北元吴王朵儿只被俘，北元军的主力被全歼。

捕鱼儿海战役之后，元朝的残余势力被彻底消灭，大明王朝实现了统一。

郭云宗入黔后，将中原先进的生产方式和生活方式注入贵州这块夷蛮荒地，一定程度上带动了清镇周边的农牧业及边贸经济的发展。

公元1390年，郭云宗开基落业贵州城后，励精图治，振兴家业。先是购买顾家池塘，从事鱼、鸭养殖。同时，置办田产，带领周边的农户，大力发展粮食生产。

粮食是军民生存之本。在明朝初期，朝廷讨伐分割势力，阻止土司叛乱，频繁的战争，使得明军对粮草的需求量日益增大。明廷不得不对食盐实行专卖，政府发放“盐引”，号召商人运粮到卫所置换盐引，借以换取军粮。明朝政府“鼓励中原商人运粮到边塞换取盐票”的政策出台后，在贵州的茶马古道上响起了“粮物山货运去卖，背起盐巴回贵州”的歌谣。郭云宗以军人敏锐的洞察力，看到了威清卫（今贵州清镇）的发展必将成为仅次于贵州城的又一政治、经济和军事重地。于是由茨南门移居至威清卫，并在威清卫沿古驿道两侧及哨所周边重新购买田地，置办家产。同时，组织了附近的乡民一道做起了以粮换盐的生意。他将采购到的粮食运到卫所换取盐票，再入川将盐运回卖给乡民，很快便富甲一方。“以粮换盐”极大地促进了贵州与外省间的经济交流，更弥补了贵州本地盐粮储量的空缺，有效避免了可能因物资紧缺而导致的“盐荒”等社会动乱，为官府和百姓提供了便利。

郭云宗定居清镇后，经商立业以囤资，修路铺桥以安民，积极参与了清镇这座古城的修筑与建设。

清镇，古为牂牁、夜郎境；唐宋时期属蛮州、清州；公元1279年属八番宣慰司；公元1282年属顺元宣慰司；公元1283年属亦溪不薛宣慰司。元代，清镇地区处于顺元宣慰司和亦溪不薛宣慰司的结合部。明初，为贵州宣慰司辖地。公元1388年，明朝廷置威清站（今清镇县城新华路）；公元1390年置威清卫（今清镇市区）。

公元1393年，威清卫首任指挥焦琴率军民于今清镇城核心地带即新华路筑威清卫城，当时的地名叫站街。在修筑威清卫城的过程中，郭云宗作为大户，一方面积极响应焦琴的号召模范带头捐资洪武通宝六百两、白银二百两，感谢焦琴对郭氏一门隐居清镇的照顾和庇护。另一方面，带领子孙发动乡民义务为城池的修建投工投劳，受到了官家的表彰和乡民的赞扬。当时的威清卫城城墙长七百九十六丈，高一丈五尺，宽一丈，城门楼五个。后于明万历、清康熙、乾隆年间重修，每次重修，清镇城都或多或少有所扩大。据史料记载，清镇城最后城墙长五里七分一千六百六十垛，炮台五座。崇祯三年（1630年），朱燮元在平定安邦彦、奢崇明叛乱后于鸭池河水以东的“水外六目”置镇西卫，就是今天的清镇市卫城镇。清康熙二十六年（1687年），朝廷准从云贵总督范承勋疏请，裁去威清卫、镇西卫，取威清之“清”和镇西之“镇”设清镇县，治所设于威清卫，也就是现在清镇城区的新民路、文化路、新华路、永光路、富强路的部分，面积约0.56平方公里。这样的格局一直到解放时基本上没有太大变化。到解放时，清镇古城尚完好。1955 年后开始撤除，取石作建设用。

清镇古城像一条船，清光绪十五年（1889 年），清镇知县吴镜澄在离开清镇时，在城南马鞍山一面石壁上留下了“一帆风顺”四个字，作为对清镇的美好祝愿。从民国三十年（1941 年）《清镇县城市街图》中可以看出，清镇城南北长，东西窄，东南角如船头高高翘起，确实像一艘向南行驶的巨轮，位于城南的马鞍山正好处于船帆的位置。清镇这座古城的建设与发展，见证了郭云宗一脉在贵州迁徙、融合、开枝散叶、繁衍子孙的历程。

郭云宗后裔经过六百年来的播迁和发展，如今已是一个拥有近八十万人口和八个民族成分的旺族，子孙遍布全省乃至全国各地。这对促进贵州社会经济的发展，对加强民族团结和民族融合，对弘扬根祖文明，传承传统文化意义十分深远。

公元 1390 年郭云宗隐居贵州后，为使将门之后得以延续，子孙兴旺发达，不再受“胡狱”株连，遂将子女之姓改随祖母之姓陈。同时，不忘祖训，注重家庭、注重家风和注重家教。卧薪尝胆，隐姓埋名，休养生息。二百多年后，到了清朝康熙年间，子孙已枝繁叶茂，发展上百户，三十二个支头。一个奇特的姓氏——“郭东”氏在清镇崛起。郭云宗第八世孙陈志高，于公元 1679 年在清镇组织了第一次修谱。清镇这座古城，已难以容纳后裔子嗣延绵的生存和发展，于是纷纷往贵阳、安顺、毕节等地迁徙，这是郭云宗后裔第一次大迁徙。

一百年后，郭云宗后裔更是瓜瓞绵绵，从三十二个支头繁衍到上百个支头，从上百户发展到上千户。但有的支头已经恢复了郭姓，而有的支头仍在姓陈。为了正本清源，郭云宗第十三世孙郭朝臣于公元1816年在纳雍新猫场组织了第二次修谱。

又过了一百年，后裔的发展壮大，郭氏族谱已经远远满足不了族人的需要。郭云宗第十七世孙郭琼培于公元1916年重刊增补了《郭东氏族谱》，分上、中、下三册，简称“老三本”。值得一提的是族谱封面中的“郭”字，是运用刻版技术造了一个“郭东”字，把郭云宗后裔改姓的历史记载下来。

与此同时，郭云宗后裔六百多年来通过不断的迁徙和融合，发展成为一个由多民族组成的姓氏。除汉族外，有布依族、水族、黎族、仡佬族、苗族、彝族和待识别民族穿青人。

不可否认，郭云宗入黔，客观上极大地促进了黔地农业及商贸经济的发展，对清镇古城的开发做出了卓著的贡献。同时，繁盛的郭氏后裔在促进民族融合与发展，丰富民族特色文化等方面，更是功不可没。

附录二

第一节　郭云宗年谱

郭云宗
（1363—1445）

郭云宗像

（郭建　绘）

郭云宗像

（郭建　绘）

郭云宗年谱

公元 1363 年，出生于安徽凤阳。

公元 1368 年，移居南京。

公元 1368 年至 1375 年，上学读书。

公元 1376 年至 1377 年，北平从军。

公元 1378 年至 1379 年，出征山东。

公元 1380 年，回师北平。

公元 1381 年至 1382 年，参加征南北路大军，平定云南。

公元 1383 年，回师南京。

公元 1384 年至 1386 年，郭府守孝。

公元 1387 年，出征辽东。

公元 1388 年，参加捕鱼儿海之战。

公元 1390 年，落业贵州，隐居贵阳。

公元 1391 年至 1392 年，定居清镇，从事边贸。

公元 1393 年，捐资投劳，修筑威清卫城。

公元 1394 年至 1444 年，励精图治，振兴家业。

公元 1445 年，病逝于清镇，享年八十二岁。坟墓位于贵州省清镇市犁倭镇石牛坝村打铁寨，艮山坤向。

郭云宗一生，历经大明王朝洪武（三十一年）、建文（四年）、永乐（二十二年）、洪熙（二百天）、宣德（十年）和正统（十年）六个皇帝；先后娶严氏和朱氏祖母，生有元德、元相、元周、元伯、元朝、元金和元秀七子，开枝散叶，后裔播迁黔滇大地。经过六百多年的历史变迁，发展成为有布依族、仡佬族、水族、黎族、苗族、彝族、汉族等七个民族及待识别民族“穿青人”，近八十余万人口的郭氏旺族。

第二节　郭云宗墓

寻碑记

据谱书记载，“郭云宗葬犁倭柿花园”。但是，因历史变迁、后裔分散、生活困难等诸多因素的制约，二十世纪七十年代前，郭云宗坟墓在柿花园哪里，无人寻宗，无人知晓。

1978年春天，油菜花正开时节，纳雍的郭伯安来到了清镇，向站街、猫场及流长等柿花园周边的族人，首次发起了寻找郭云宗坟墓的倡议，但因年代久远，柿花园附近无我族人，第一次寻找无果。

1978年夏天，郭伯安、郭德龙、郭琼武、何学源等族人第二次来到了柿花园打铁寨，通过走访知情人，初步确认了坟墓地点。但据知情人的讲述，坟墓原有碑记。因年代久远，墓碑不知散落何处。因未找到断碑，坟墓还一时难以确认。

1979年冬，伯安来到清镇兴隆，找郭琼武等族人共同商议：为郭云宗坟墓补立碑记一事。大家一致认为：一是立碑之前，必须要找到断碑来最后确认坟墓；二是立碑是大事，必须尽量通知族人共同参与。统一意见后，第二天清晨郭伯安、郭琼武、郭德龙、何学源等宗亲第三次来到柿花园，再访周边知情人，终于在离坟约三米远的土坎脚找到了断碑一节，用水清洗干净后，断碑上有“郭云”字样，确认为碑的上半部分。大家十分高兴，寻找工作仍在继续。几天过后，在离坟地约十米处找到了断碑下半部分，已被他人用于土地的交界碑。水冲洗干净后，断碑上的“宗”字虽然不太清晰，但两节断碑接上基本吻合，最终才确认郭云宗坟墓。

断碑找到，坟墓确定。大家又聚在兴隆郭琼武家，商议补立碑记一事。笔者虽年幼，也参加了这次会议。会上三寨猫场的郭德龙提出，考虑到三寨猫场与李代龙家之间的一些历史因素，立碑的当天三寨猫场不参与为好。我也建议，为稳妥起见，立碑一事推迟一两年再议。最后大家达成共识：广泛宣传，组织族人春节上坟，清明祭祀。补立碑记一事等待时机。

1982年夏天，郭伯安来到清镇兴隆，与郭琼武、何学源、郭德龙等族人共商补立郭云宗碑记事宜。筹建了立碑工作小组：郭琼武负责立碑总体工作安排；何学元负责碑文书写；郭太全、郭太明、郭正芳负责碑石质量及运输和立碑当天生活后勤保障；郭贵权协助郭琼武负责各地宗亲信件收发及接待工作。立碑时间，确定在1983年下旬。

1983年11月14日，各地区宗亲代表陆续赶到清镇兴隆集中，15日上午，筹备多年为云宗公补立碑记这件大事终于完成。此次补立碑记，各地宗亲总筹资总额为514元。其中：清镇片区241元、织金片区184元、纳雍片区80元、水城片区67元、安顺片区42元。

郭云宗坟墓修缮及文物申报工作小组

2019年季春

郭云宗坟墓照片

（修缮前）

（修缮后）

（修缮后）

（修缮后）

（修缮后）

（修缮后）

郭云宗墓碑联（书法）

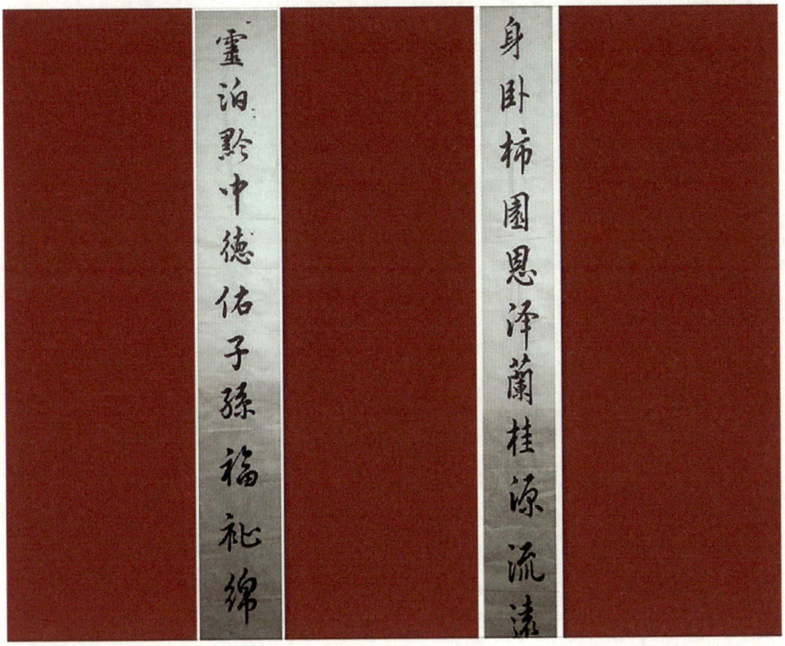

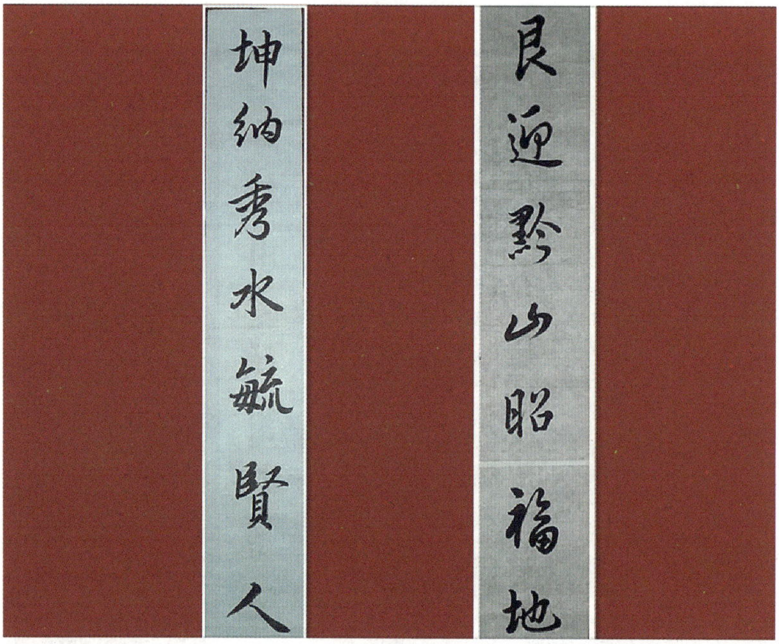
艮迎黔山昭福地
坤纳秀水毓賢人

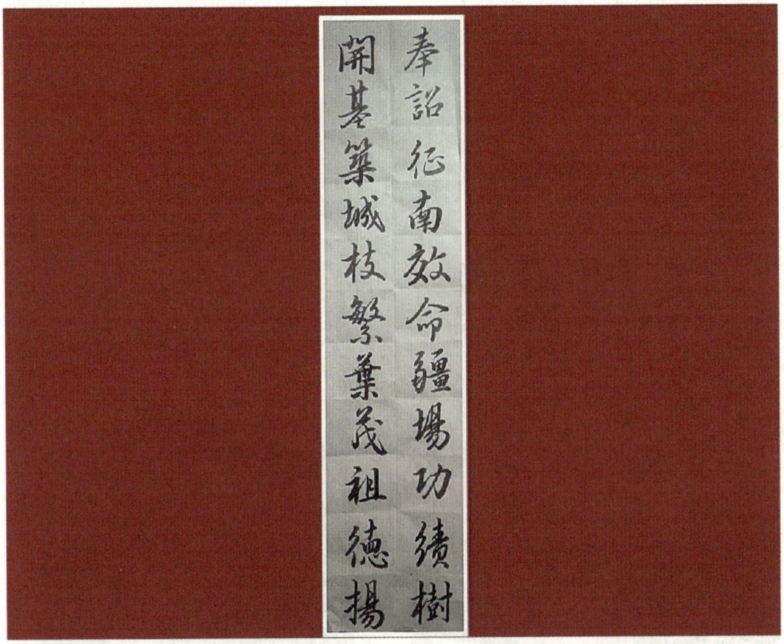
奉詔征南效命疆場功績樹
開基築城枝繁葉茂祖德揚

郭云宗墓登录《清镇市不可移动文物名录》

2016 年，郭云宗坟墓修缮和文物申报工作小组向清镇市人民政府和清镇市文物管理所正式提出申请，将郭云宗墓列为清镇市文物保护单位。2017 年 8 月，《清镇市文化遗产》将郭云宗墓作为明代古墓葬收录其中。

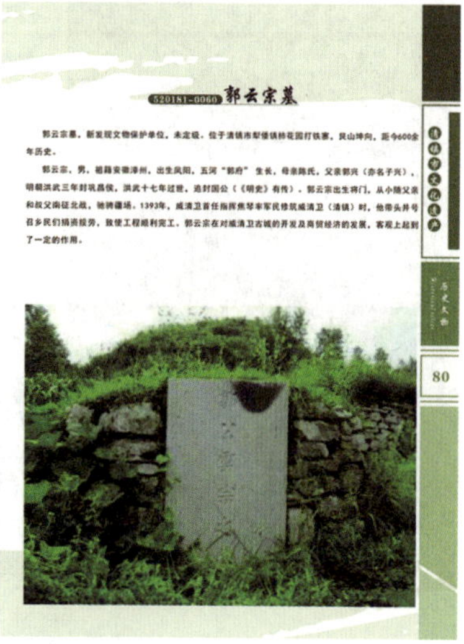
520181-0060 郭云宗墓

郭云宗墓，新发现文物保护单位，未定级，位于清镇市犁倭镇杉花园打铁寨，艮山坤向，距今600余年历史。

郭云宗，男，祖籍安徽滁州，出生凤阳，五河“郭府”生长，母亲陈氏，父亲郭兴（亦名子兴），明朝洪武三年封巩昌侯，洪武十七年过世，追封国公（《明史》有传）。郭云宗出生将门，从小随父亲和叔父南征北战，驰骋疆场。1393年，威清卫首任指挥焦琴率军民修筑威清卫（清镇）时，他带头并号召乡民们捐资投劳，致使工程顺利完工。郭云宗在对威清卫古城的开发及商贸经济的发展，客观上起到了一定的作用。

清镇市文化遗产

历史文物

80

2018 年 12 月 18 日，在清府发〔2018〕42 号《清镇市人民政府关于公布〈清镇市不可移动文物名录〉的通知》中，郭云宗墓作为清镇市县级文物保护单位正式获得批准。

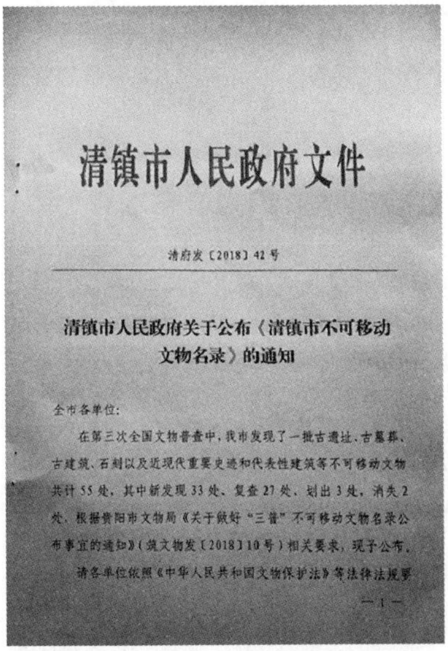

清镇市人民政府文件

清府发〔2018〕42号

清镇市人民政府关于公布《清镇市不可移动文物名录》的通知

全市各单位：

在第三次全国文物普查中，我市发现了一批古遗址、古墓葬、古建筑、石刻以及近现代重要史迹和代表性建筑等不可移动文物共计55处，其中新发现33处、复查27处、划出3处，消失2处。根据贵阳市文物局《关于做好“三普”不可移动文物名录公布事宜的通知》（筑文物发〔2018〕10号）相关要求，现予公布。

请各单位依照《中华人民共和国文物保护法》等法律法规要

—1—

求，贯彻“保护为主、抢救第一、合理利用、加强管理”的工作方针，采取切实措施做好不可移动文物的保护、管理和合理利用工作。

附件：清镇市不可移动文物名录

2018年12月18日

（此件公开发布）

—2—

520181-0043	西天一柱摩崖	清代	石窟寺及石刻	清镇市百花社区社区石关村云峰山半山腰上。
520181-0044	石关晚渔碑	清代	石窟寺及石刻	清镇市百花社区石关村内
520181-0045	仙人洞遗址	新石器时代	古遗址	清镇市巢凤社区青山园后山半山腰上
520181-0046	一帆风顺摩崖	清代	石窟寺及石刻	清镇市新岭社区青龙村
520181-0047	威武所城垣遗址	明	古遗址	清镇市站街镇龙泉村
520181-0048	甘沟桂花井重修碑记	清咸丰十一年(1861)	石窟寺及石刻	清镇市站街镇龙泉村桂花井旁
520181-0049	大坝碉堡	近现代	近现代重要史迹及代表性建筑	清镇市新店镇东风湖村大坝组
520181-0050	茶店村驿道遗址	明代	古遗址	清镇市新店镇茶店村境内
520181-0051	赫声所城垣遗址	明代	古遗址	清镇市新店镇茶店村后山上
520181-0052	鸭池河红军渡口	近现代	近现代重要史迹及代表性建筑	清镇市新店镇鸭池河村鸭池河渡口
520181-0053	粑粑店墓地	汉代	古墓葬	清镇市王庄乡高山村 321 国道旁
520181-0054	万寿桥	清代	古建筑	清镇市王庄乡高山村跳蹬河上
520181-0055	琊珑坝墓群	汉代	古墓葬	清镇市红枫湖镇芦荻村哨（水产公司西面）
520181-0056	芦荻哨墓地	汉代	古墓葬	清镇市红枫湖镇芦荻哨村
520181-0057	焦琴将军墓	明代	古墓葬	清镇市红塔社区红湖村迎登山
520181-0058	明威将军高岩墓	明代	古墓葬	清镇市巢凤社区黑泥哨村高家龙滩
520181-0059	姚家寨黄家洞洞穴遗址	商周	古遗址	清镇市卫城镇姚家黄家洞
520181-0060	郭云宗墓	明代	古墓葬	清镇市犁倭镇石牛村

注明：1. 因行政区划变更

520181-0022　灵永寺　划给观山湖区

520181-0034　迴龙寺　划给观山湖区

520181-0008　平寨营盘遗址　划给贵安新区

2. 普查后消失变更

— 5 —

第三节　郭云宗族谱

参天之木，必有其根；怀山之水，必有其源。国有史，方有志，家有谱。自古以来，家谱承载着伦理规范，塑造着人格精神，维系着社会秩序。纵观历史，国家可灭，朝代可替，家庭可散，个人可亡，唯有家族历史生生不息。

只有一个个家族存在和延续，才有整个民族的存在和延续；只有一个个家族团结，才能构成整个民族的团结，保证一个国家的团结；只有一个个家族兴旺和稳定，才能维系民族与国家的兴旺和稳定。

而家谱就是一个家族得以延续的唯一存在证明。

“凡国必有史，有家必有谱。”家谱就是一个家族的生命史，一个家族的百科全书，一个家族、家庭的历史文化汇总和历史档案。

后人可由此了解家族的历史沿革、世系繁衍、人口变迁、居地变迁、每个人的生卒年月与婚姻状况，以及本家族成员在社会生活中的地位、作用和事迹。同时，家谱也为地方志和正史的可信度提供了有力的支撑和佐证，对历史学、人口学、民俗学、社会学和经济学等方面的研究有着不可替代的独特功能。

中国人血脉传承最重要的载体就是家谱，家谱流淌着中国人的血脉。中国家谱文化源远流长，博大精深。在中国，家谱素来与国史、方志并称为“三大历史文献”。

中国人重孝道，最根本的是讲求慎终追远，饮水思源，不忘血脉传承，不忘祖宗先人。寻根问祖，是中国的文化传统，中国人自古重视家的根系源流。家谱，延续着家族的血脉，更传承着祖上的遗训和期望，一代代地接续，或绵延家风，或与时俱进，而为人孝悌，始终是治家的根本。

资料显示，郭云宗明朝洪武年间“调北征南”入黔以来，后裔六百多年的播迁和发展，一共经历了康熙、嘉庆、中华民国、20 世纪 60 年代和 1999—2000 年五次修谱历程。

一修家谱

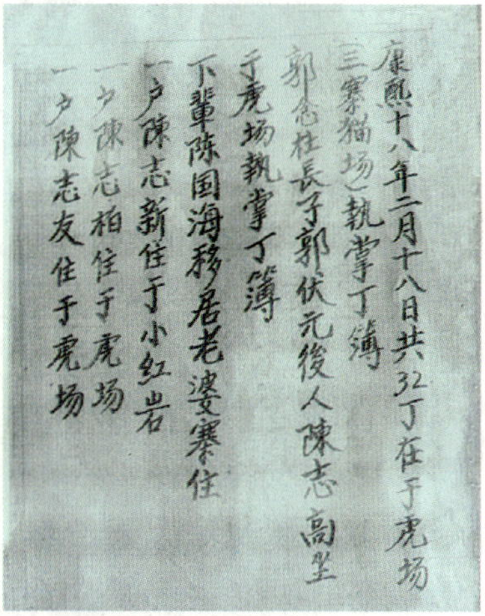
康熙十八年二月十八日共32丁在于虎场
三寨猫场之執掌丁簿
郭志柱長子郭伏元後人陳志高坐
于虎场執掌丁簿
下輩陈国海移居老婆寨住
一户陳志新住于小红岩
一户陳志柏住于虎场
一户陳志友住于虎场

修谱时间：清朝康熙十八年（1679 年）

修谱地点：清镇虎场（清镇市站街镇猫场村）

主 持 人：陈志高，彦秋长子伏元公后人，志字辈，郭云宗第七世孙，生卒时间不详。

族谱摘录：“我始祖系江西吉安府庐陵县龙井口小硚头郭家村”；“祖号曰郭子兴　讳曰敬桥　陈氏　敬祖李氏所生四祖讳曰云宗　顺宗　继宗　元宗”。

十三日卯时下石 崇禎九年戊辰岁三月
初七日設立威清所 崇禎三年立鸭池
河黑神所 崇禎四年辛未岁十一月又設立
鎮西卫威清所重添設故是如此嗯喜
我始祖系江西吉安府芦宁县所居地名
龙井口小砑头郭家村系是祖稷住处
祖号曰郭子兴 諱曰叙桥 陈氏 敬祖李氏所生
四祖 諱曰郭云宗 顺宗 继宗 元宗 四

二修家谱

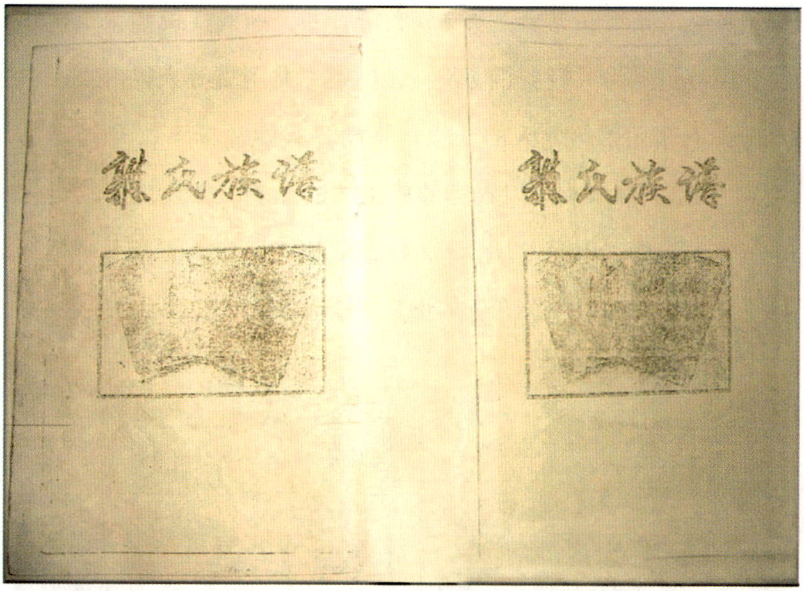

修谱时间：清朝嘉庆二十一年（1816 年）

修谱地点：纳雍新猫场

主 持 人：郭朝臣，邑庠生，生于清朝乾隆初年，云字辈，郭云宗第十二孙，纳雍县新猫场余家湾人，葬于斗篷箐。朝臣公一生做了三件大事：一是设立集市。清朝嘉庆年间，今纳雍县城周边乡民赶集地在老场，系彝族土司所办，场钱（税）太重，乡民怨声载道。为减轻乡邻场税，郭朝臣、龙国瑞等人以价银八十八两买下郭元弟等六人的土地，开设“兴隆兔场”（今纳雍县城）。二是兴修水利。因不满彝族土司的盘剥，郭朝臣率领穿青十八寨人兴修引水渠壹万多米，灌溉农田上万亩，惠及了一方百姓。三是组织编修《郭东氏族谱》，作圣论十六条。

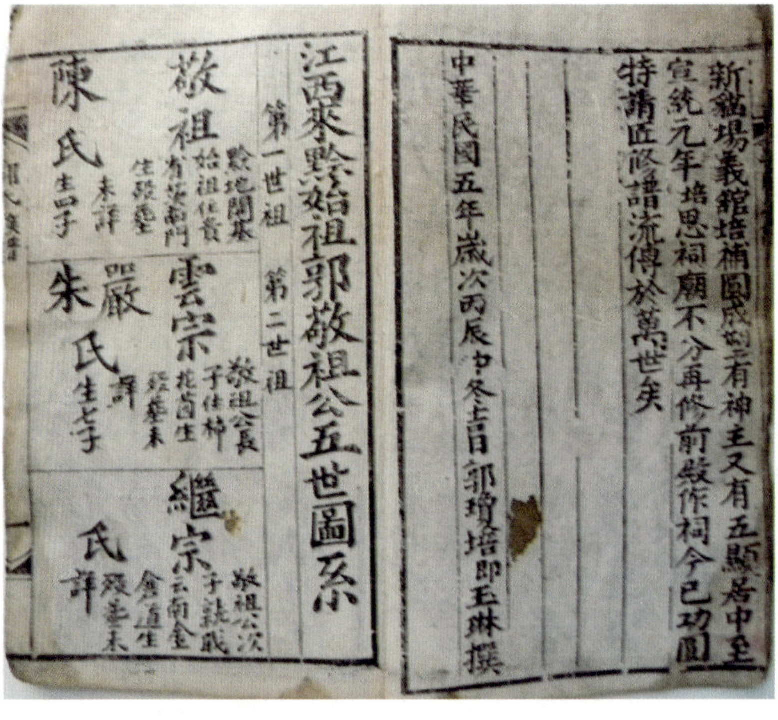
新貓場義館培補圖成有神主又有五顯居中至
宣統元年培思祠廟不分再修前殿作祠今已功圓
特請匠修譜流傳於萬世矣
中華民國五年歲次丙辰中冬吉日郭增培即玉琳撰

江西來黔始祖郭敬祖公五世圖系
第一世祖
第二世祖
敬祖
陳氏
雲宗
嚴氏
朱氏
繼宗
氏

族谱摘录：“祖籍江西吉安府庐陵县龙井口郭家村人氏”；“吾祖郭敬祖有子四人长云宗次继宗三顺宗四元宗”。

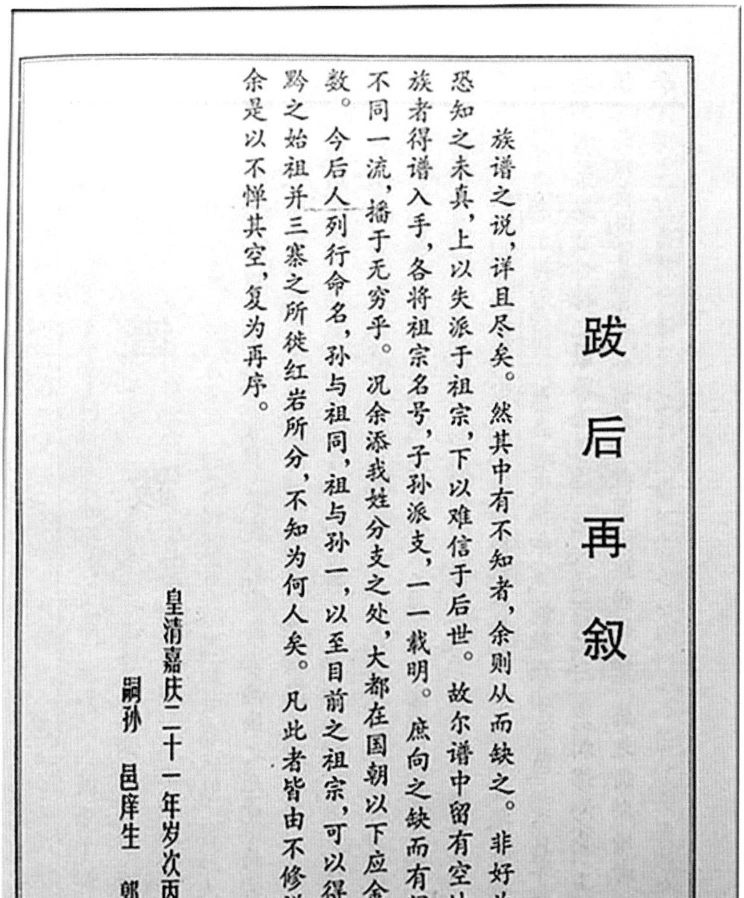

一〇四

跋后再叙

族谱之说，详且尽矣。然其中有不知者，余则从而缺之。非好为缺也，惟恐知之未真，上以失派于祖宗，下以难信于后世。故尔谱中留有空地，凡与我族者得谱入手，各将祖宗名号，子孙派支，一一载明。庶向之缺而有闲者，而今不同一流，播于无穷乎。况余添我姓分支之处，大都在国朝以下应金德王字之数。今后人列行命名，孙与祖同，祖与孙一，以至目前之祖宗，可以得而知。来黔之始祖并三寨之所徙红岩所分，不知为何人矣。凡此者皆由不修谱之故尔。余是以不惮其空，复为再序。

皇清嘉庆二十一年岁次丙子孟夏月

嗣孙　邑庠生　郭朝臣敬撰

郭朝臣《跋后再叙》

三修家谱

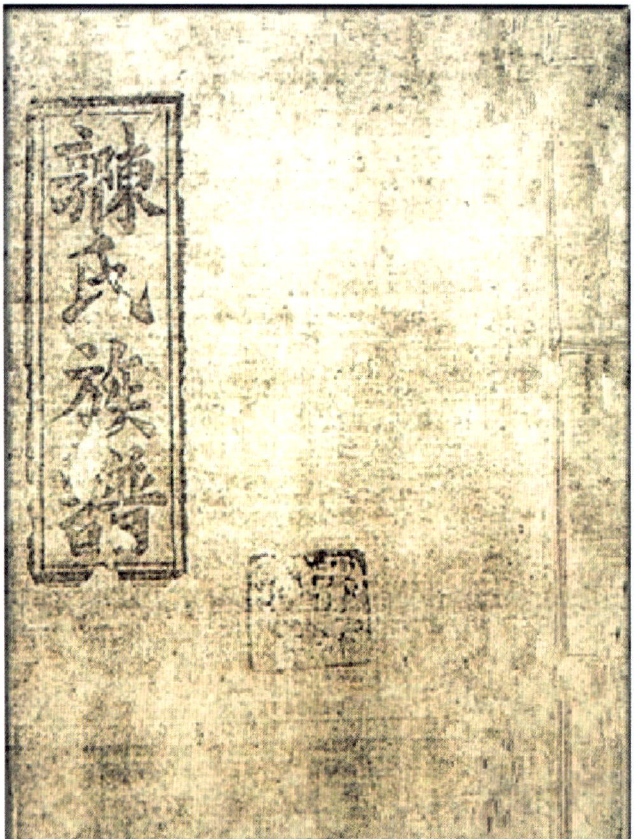

中華民國丙辰年增補重刊

汾陽族譜

板存新貓場祠堂

修谱时间：民国五年（1916 年）

修谱地点：纳雍新猫场

主 持 人：郭琼培，字玉琳，号益之，琼字派，郭云宗第十六世孙，纳雍新猫场人。琼培公生于清朝同治十年（1871 年），卒于民国二十年（1931 年），初葬于新猫场，后因城市建设迁葬于玉龙坝镇果矶盖。琼培公自幼勤奋好学，考入太学，毕业后考秀才未遂，后习武考中武秀才，任地方团首，兼学董。民国五年，增补重刊《郭东氏族谱》上、中、下三册，简称“老三本”。民国十七年（1928 年），在纳雍猫场创立了正蒙小学（今猫场小学）。

族谱摘录：《老三本》首次对郭云宗后裔使用字派排行进行归类，并订下二十代字派排行。“一辈敬祖住贵州　二辈云宗住柿花园　三辈陈恩陈权陈胆等住虎场　四五辈大字相字派　六辈彦秋住红岩　七辈伏元伏再伏强等　八辈陈等陈贯等　九辈国字派　十辈朝字派　十一辈应金德君同派　十二辈维洪子天思等同　十三辈元士启文在万又洪字同十四建明朝登进又万字同　十五学世思子先字同派　十六兴亭攀同派以下定规造谱”；“派自十六辈叙　亭毓琼桂　太振嘉珍　彰宗跃祖　世代辉荣　恩翔泽厚　守让型仁　持纲立纪　永庆安宁”。

字　派

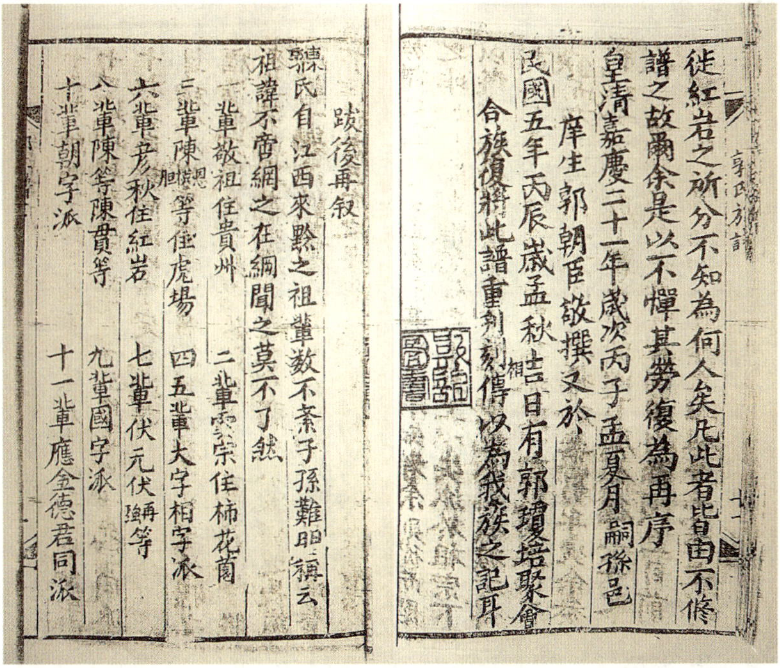

徙紅岩之所分不知為何人矣凡此者皆由不修
譜之故爾余是以不憚其勞復為再序
皇清嘉慶二十一年歲次丙子孟夏月嗣孫邑
庠生郭朝臣敬撰又於
民國五年丙辰歲孟秋吉日有郭瓊培聚會
合族復將此譜重刻相傳以為我族之記耳

跋後再敘
郭氏自江西來黔之祖輩數不紊子孫難明稱云
祖諱不曾綱之在綱聞之莫不了然
一輩敬祖住貴州　二輩雲宗住柿花菌
二輩陳胆懷恩等住虎場　四五輩大字相字派
六輩彥秋住紅岩　七輩伏元伏璵等
八輩陳等陳貫等　九輩國字派
十輩朝字派　十一輩應金德君同派

十二世維洪子天思等同十三元士啟文在萬又洪字同
十四建明朝登進又萬字同十五學世思子先字同派
十六與亭攀同派以下定規造譜
粵稽生人以來富貴功名雖日宗族之名望子孫之
福澤然不過生時則榮殁則已焉曷若垂譜於　將
來上以明本本水源之遠下以開支分派別之長誠
所謂一舉兩數善備焉者也余也幼蒙父兄之培養
芹泮徕於三旬之年繼往開來在所不辭矣第志次

郭氏譜序　一

題鴈塔之名心竟未暇祖孫之譜乃忽而青衿告謝
年已古稀故值優游之歲月而回憶歷代高曾殊名
殊派舛訛不過銖黍之差遍閱縣地宗族混昭混穆
乖亂竟成天淵之嘆若非譜以約之於一世遠年湮
不惟無以識祖之諱定派取字而且以有並祖之名
聽其若斯我何以對在天之靈而開示於來兹者耶
於是以管窺之見不辭筋骨之勞盖將遊縣之祖及
徙居三寨虎場紅岩之宗逐一書明請匠刊刻至若

郭氏譜序

後移定平昭通郎岱等處不知遺缺多人亦非余之
咎也又將後裔世派續成八言以垂無暨是豈敢追
遠於祖宗亦不過報本之一端以示後人之不忘焉
耳
派自十六輩敘
亭(列未)毓瓊桂　太振嘉珍　彰宗耀祖　世代輝榮
恩翔澤厚　守讓型仁(列未)　持綱(列未)立紀　永慶安寧(列未)
皇清嘉慶二十一年閏伏月吉日邑庠朝臣敬撰

郭氏譜序　二

皇清嘉慶十二年十一月二十三日辰時[illegible]建立
祠堂坐東向西住納志堪郭家村新發寨地名
回龍山為首人郭朝龍(全侄登高)(才孫)與隆等建竪
後於咸豐七年丁巳伏月有郭壽亭等擇竪大
新田脚坐南向北方修功圓又於
同治二年癸亥伏月苗匪作亂一概燒燬至十八九年
有郭毓(修)富等又修造在余家湾也未成功於
光緒十二年嵗郭書奎毓富等舉議又建竪在

郭氏族譜　三

郭琼培《重刊宗族谱序》

重刊宗族谱序

民国五年丙辰岁孟秋吉日，有郭琼培聚会合族复将此谱重刊，传以我族之记耳。

尝思朝廷之有历，家族之有谱，原并行而不悖者也。历以定天下之岁次，剣度无讹。谱以正一宗之昭穆，尊卑不紊。上自天子，下及庶人。国以史为重，家以谱为先。国无史则一朝之事无可考，家无谱则一宗之裔若外人。有谱则安，无谱则危，故曰谱者不可不修也。由此观之谱之郑重于族，能与历史相提并论，万世永赖者哉！祖宗虽远，世系不可不详。子孙虽蕃，支派不可不折。倘水源木本，莫知巢由同宗共祖，几等陌路，崇本敦伦，忽近图远，惟高车驷马以相亲。孰知忠厚传家，前可光而后可裕。诗书继世，身可修而家可齐。宜家螽斯蛰蛰，瓜瓞绵绵。所谓木固而条畅，源远而流长者，此也。余也禀性既劣，赋质亦庸，承父兄之训，诲赖师友以裁成力，不足以胜大任志，何堪以建洪图，粤稽吾宗之谱也。

自嘉庆时，有祖朝臣公挺身其间，绍尼山之统，拾泮水之芹，心切尊祖敬宗，承先启后，支派缕晰，无虑不周，刊刻既成，有条不紊。班次合，若符节宗族奉为席珍。无奈世远年湮，残缺难考。睹宗派之棻舛，未免疾首而痛心。异心力之难，不啻神伤而情。往事以不揣，故陋集众磋商，面则洪而心却违言有余，而行不果。回忆光阴谒逝，岁月难留，虽有小智而谋大之湛力小。重任之谈，亦所不辞也，爰令梓工付诸剞劂，功将告竣，聊叙重修数言，以冠首云，是为序。

嗣孙　太学生玉琳（号益之，字琼培）敬撰

四修家谱

修谱时间：20 世纪 60 年代

修谱地点：纳雍新猫场

主 持 人：郭伯安（亦名郭桂银），民国十一年即公元 1922 年 8 月出生纳雍新猫场。1953 年任纳雍县新猫场乡乡长。1955 年任纳雍县新猫场乡支部副书记。1957 年任纳雍县新猫场乡总支书记。1959 年任猫场管理区支书；同年作为穿青人代表，参加贵州省民族代表团，赴四川参观考察民族风情。1960 年参加纳雍县委工作组到维新工作。1961 年因生活困难回家后，潜心清理郭氏族谱。一双草鞋，走遍贵州毕节、大方、黔西、清镇、贵阳、安顺、六枝等郭氏族人居住地。1962 年 5 月，在纳雍新猫场祠堂，组织成立十三人族谱清理小组。1967 年 7 月 22 日，亲赴安徽滁州考证清镇族谱中记载的郭子兴。1979 年，《郭氏族谱》问世，共七卷，简称“新七本”。1983 年赴清镇，与清镇郭琼武等族人寻找郭云宗墓。2000 年，以顾问的身份参与了《郭氏宗谱》的编修。

族谱摘录：“一世祖郭子兴”；“二世祖郭云宗”。

说明：“新七本”以郭氏源流为基础，以宗支后裔发展为主线，丰富和拓展了“老三本”的内容。遗憾的是采用钢板蜡纸刻印，时间一长，油墨受潮，导致许多内容看不清楚。

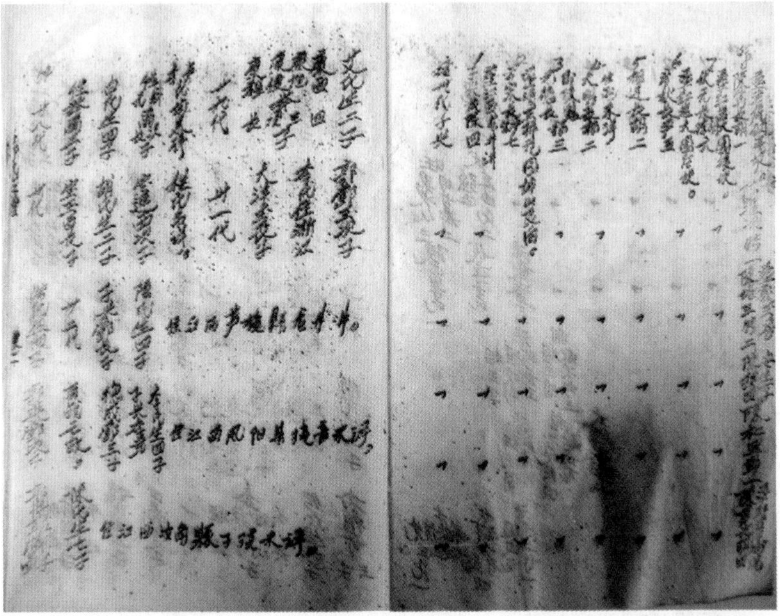

《郭伯安修谱序》

郭伯安修谱序

窃思国有史，家有谱，故木本水源之由来也。昔蒙祖先之创造，留祖籍之根基，虽经长辈之修理，未能上下贯串，甚至子孙繁衍，瓜瓞绵绵，难以枚举，以致排行巅倒错乱，亲疏远近，亦难枚识。故不忍支派驳扎，族长郭伯安为家族之团结，邀集桂勋桂金振元四人协同商议，暂不骚扰族人解囊捐资，折不辞劳苦。于一九六七年七月二十二日，伯安找清镇卫城区杨开凤之妻（系郭姓之女，是安徽凤阳籍）为响导，途经贵州、湖南、河南后，到达安徽滁县地区凤阳县郭姓家史，查出郭兴根基，由桂勋主要执笔修理，秩序井然，于一九七九年底修理完竣，翻印成功，希合族人等以便知之。

嗣孙　伯安　桂勋　桂金　振元　敬撰

五修家谱

修谱时间：1999—2000 年

修谱地点：纳雍城关

顾　　问：郭伯安（纳雍）　郭桂龙（织金）

组　　长：郭桂森（纳雍）

副 组 长：郭尊荣（纳雍）郭中正（纳雍）郭　迅（纳雍）郭桂勋（纳雍）郭桂学（纳雍）郭振全（纳雍）陈琼富（织金）郭兴华（织金）郭振光（织金）郭建辉（织金）郭　锴（大方）高永思（大方）郭振兴（水城）郭太祥（水城）

成　　员：郭树西（纳雍）郭先均（纳雍）郭振文（纳雍）郭太本（纳雍）郭振尧（纳雍）郭子祥（纳雍）郭振雄（大方）

名誉主编：郭冠西（广西）

主　　编：郭中正（纳雍）

副 主 编：郭迅（纳雍）郭桂勋（纳雍）郭尊荣（纳雍）郭桂森（纳雍）郭桂学（纳雍）郭振全（纳雍）郭振文（纳雍）郭振光（织金）高隆华（大方）

族谱摘录：《郭氏宗谱》分第一、二卷，简称“大宗谱”。“入黔始祖世系录　一代祖郭兴字信，号敬桥。山甫长子。陈氏生云宗、继宗、顺宗、元宗。二代郭云宗，郭兴长子，葬清镇犁倭柿花园，艮山坤向。朱、严氏生元德、元相、元周、元柏、元朝、元金、元秀。”

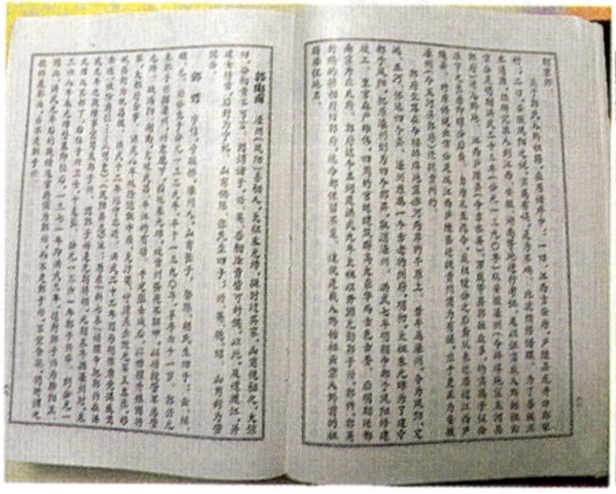

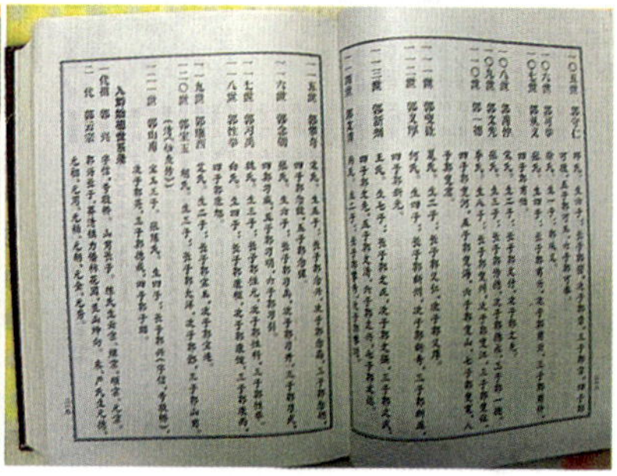

第四节　郭云宗后裔

一、后裔迁徙概况

（一）清镇《郭氏族谱》记载

“我祖住于洪都”，“后住江西吉安府庐陵县龙井口小硚头郭家村”，“洪武调北征南”，“随营作商流落本省太子桥驻扎”。

1. 元宗年幼转至江西守祖。

2. 顺宗作商上云南。

3. 继宗作客于八番司三排。

4. 云宗住威清茅草坪，娶祖母朱氏又生二人共是七祖元德、元伯、元周、元相、元朝、元金、元秀。

5. 郭云宗住清镇柿花园，坟地也在柿花园（今天清镇市犁倭乡柿花园村）。

6. 长房元德住猪场堡（今清镇市站街镇）。

7. 二房元相移居菠萝口（今清镇市红枫湖镇菠萝口村）。

8. 三房元周住威清茅草坪（今清镇市犁倭乡茅草寨村）。

9. 四房元伯移居黄丝寨（今清镇市站街镇黄柿寨村）。

10. 六房元金迁普定（今安顺市普定县）。

11. 七房元秀住威清东门桥（今清镇市青龙街道办事处东门桥村）。

12. 念德、念荣、念宽住虎场（今清镇市站街镇猫场村）。

13. 伏元、伏恭、伏辛、伏叼、伏荣、伏琼、伏云、伏盖、念瑜、念珍搬小公固。

14. 念明、念良搬红岩老虎屯（今清镇市流长苗族乡红岩村）。

15. 念国搬杨家院（今清镇市流长苗族乡杨家院村）。

16. 念禄搬镇宁摆药石门楼。

17. 念新搬平坝摆捞黄泥田。

18. 念杜住本境虎场（今清镇市站街镇猫场村）。

19. 陈贯葬安顺轿子山。

20. 念新之子伏荣生志琦、志琳住平坝（今安顺市平坝）。

21. 志玉先住打鼓寨（今清镇市犁倭乡），后迁水城（今六盘水市）。

（二）纳雍《郭东氏族谱》记载

“郭敬祖有子四人，长云宗，次继宗，三顺宗，四元宗。”“敬祖出离江西随带子三人，云、继、顺落业贵州，元宗住居本境。”“继宗做云南金仓道”，“顺宗落业火红”，“云宗创业贵州茨南门黄土坡黑桃园子”，“后裔移居虎场”。

22. 元德住猪场堡（今清镇市站街镇）。

23. 元周先住波萝口（今清镇市红枫湖镇菠萝口村），后迁猪场堡（今清镇市站街镇）。

24. 元伯住黄丝寨（今清镇市站街镇黄柿寨村）。

25. 元朝住茶花哨（今清镇市）。

26. 元金住威清东门桥（今清镇市青龙街道办事处东门桥村）。

27. 元秀住本境虎场（今清镇市站街镇猫场村）。

28. 伯公之子大成迁普安县（今黔西南布依族苗族自治州北部）。

29. 朝公之子大源迁梨倭石牛坝（今清镇市梨倭乡石牛坝村）。

30. 彦秋（严氏）葬红岩大园后坝（今清镇市流长苗族乡红岩村）。

31. 彦秋长子伏元葬红岩（今清镇市流长苗族乡红岩村）。

32. 陈等住老虎屯（今清镇市流长苗族乡）。

33. 陈维伏元次子迁黔西炒铁冲（今毕节市黔西县）。

34. 陈培伏元公三子，子孙住金国屯归花坝羊令，郭玉房是（今毕节市金海湖新区归化）。

35. 国珍陈贯长子，葬红岩黑鱼洞半坡（今清镇市流长苗族乡红岩村）。

36. 朝聘珍公长子，住老虎屯，后迁徙红岩羊场坝（今清镇市流长苗族乡羊场坝村）。

37. 思松朝贤公长子迁水城（今六盘水市）。

38. 思柏朝贤公二子迁平坝（今安顺市平坝）。

二、后裔迁徙分布图

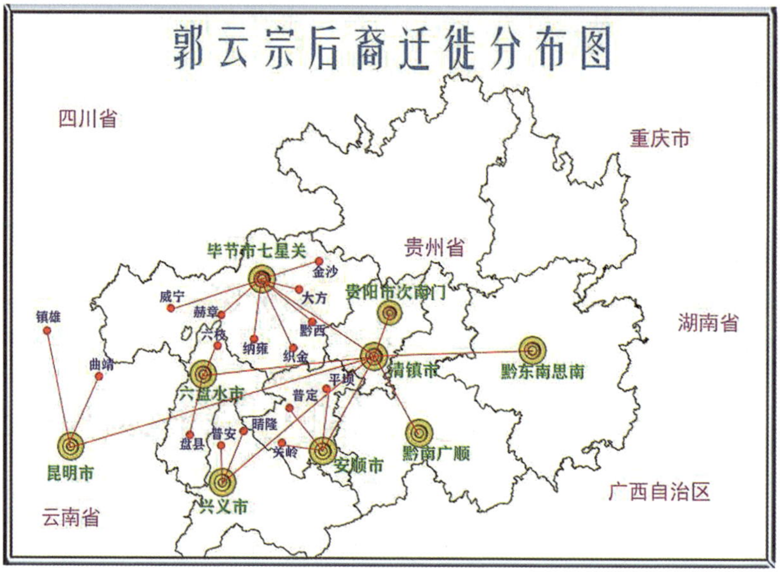

三、家风传承

2015 年春节祭祖文

时维中华人民共和国公元 2015 年正月初五，毕节、六盘水、纳雍、黔西、织金、清镇、平坝、关岭、云南镇雄等孝子慈孙，谨备鲜花素果，祭奠于入黔开基始祖郭云宗之灵墓前曰：慎终追远，永世不忘；元朝末年，贪墨成风；饿殍遍野，满目凄凉；官逼民反，云起龙襄；义军首领，此界彼疆；安徽濠州，子兴称王。

我祖云宗，生长凤阳。父亲郭兴，幼名子兴，出生钟离，元璋同乡；效力军门，改名郭兴，先追滁阳王，后随朱元璋；镇守潼关，鏖战鄱阳；洪武三年，诸侯分封；论功行赏，侯爵巩昌；《明史》有传，官方文章。

叔父郭英，身强力壮；云南之战，封侯受奖。

郭英郭兴，亲弟奶兄；同朝为侯，千古流芳；有史为证，明朝栋梁。

朱家江山，郭家有功；郭氏兄弟，龙血玄黄；南征北战，血染沙场。伴君伴虎，鸟尽弓藏；功高盖主，祸从天降；“胡蓝之狱”，陷害忠良；爵位被除，兴祖遭殃。子孙后代，东躲西藏；将门虎子，背井离乡；隐姓埋名，苦雨凄风。

黔州大地，古代夜郎；天无晴日，人烟荒凉；洪武二十三年，云宗离别故乡；避难贵州，落业贵阳；先住茨南门黄土坡核桃院；后迁清镇威清门三寨虎场；改名换姓，饱经沧桑；祖上有德，遇难成祥；郭陈二姓，源远流长；回顾历史，铭记心上。

忆往昔，先祖蒙难远走他乡；看今朝，后裔播迁枝繁叶茂。

缅怀先祖，奋发图强；继承遗志，我武惟扬；化悲为力，化痛为量；好好学习，天天向上；艰苦创业，克己奉公；在岗敬业，为祖争光；清正廉洁，襟怀坦荡；敬宗睦族，志在四方；构建和谐，奔向小康。

酒酌时馐，聊表孝心。祖先有灵，来品来尝；庇荫后代，工作顺利，身体健康，事业有成，生意兴隆，五谷丰登，六畜兴旺。呜呼哀哉，伏惟尚飨！

（毕节郭氏宗亲会供稿）

一脉相承　扶危济困

做家族事务的人，无论是醉心的文化挖掘，还是奔波的寻根问祖，或是布施的崎岖跋涉，这些人，都是爱族、爱心之人。这些爱，源自对先祖的感恩，源自对文化的渴望，源自对亲情的采信，源自对后人的寄托。贵阳郭氏宗亲会成立以来，总是与困难宗亲站在一起，同舟共济，爱心接力，体现了一脉相承，扶危济困的大爱精神。

2017 年 10 月，贵阳市修文县扎佐林场四十八岁的职工郭振科，上有九十高龄的父母，下有一双儿女。大女儿正在山东读大二，小儿子不满一岁。本人却不幸患上肝癌，让经济本来拮据的家庭雪上加霜。

贵阳郭氏宗亲会知晓后，成立了扶危济困小组。从会员费里拿出二千元，小组成员自发捐款六千余元，买米买油等生活必需品先后几次到郭振科处看望他高龄双亲及本人。2018 年 3 月 14 日贵阳郭氏宗亲会正式发起向郭振科的捐款倡议。此举得到了广大郭氏宗亲的积极响应和大力支持。“一方有难，八方支援”，截至 2018 年 3 月 31 日 24 时，收到郭氏爱心人士及身边朋友募集爱心捐款 701 笔共计 60122. 72 元。“病魔无情，人间有爱。”爱心是一团火焰，爱心捐款不分多少，一分、一角、一元、百元，都体现了郭氏族人的慷慨相助，倾注了同宗同源的无价情谊；彰显了爱心接力的传统美德。贵阳郭氏宗亲负责收取各界爱心捐款的信息员郭振林，为了应对每天来自四面八方的电话和信息，一天要用三次充电宝。大家的善行义举向病榻上的郭振科不断传递着力量，传递着祝福，传递着“我爱家族，家族爱我”的精神，增强他战胜病魔的勇气与信心。

“人间有爱，病魔无情”，当爱心捐款送达郭振科家第二天，郭振科遗憾离开人世。不久，其父母也相继离开了人间。贵阳郭氏宗亲会组织人员先后料理了郭振科及母亲的后事，包括郭振科母子的坟都是宗亲会会员亲自搬运石头堆砌而成。

2018 年 10 月 13 日，家住纳雍林场的郭正祥老人，因患病在贵阳走失，牵动了贵阳郭氏宗亲会族人的心。前前后后十来天，贵阳的宗亲利用各自资源，通过电视台、电台和媒体发布寻人启事；配合来自纳雍的亲属在贵阳市区的大街小巷，展开了地毯式的搜查和寻找。最为感人的是，有的宗亲为了避免找人的信息不被城管撕掉，竟然将寻人启事贴在了自己的衣服上，穿梭于汽车站、火车站等茫茫人流中。直至 23 日接到警方电话，证实郭正祥老人在离市区四十公里外的地方被发现已不幸离世。贵阳宗亲会配合家属并派代表将老人骨灰送回纳雍，让老人魂归故里，叶落归根。

通过对郭振科宗亲患病善款义捐和郭正祥老人找寻这两件事，贵阳宗亲会涌现出一群无私奉献的族人。他们牺牲了自己的休息时间，放弃与家人、朋友聚会的机会，自觉自愿，无怨无悔，甚至是贴钱贴米地为有困难的宗亲服务。从他们身上，我们看到了郭氏家族一脉相承，扶危济困的传统美德；看到了血浓于水的家国文化；看到了“我爱家族，家族爱我”的爱心接力；看到了“我姓郭，我骄傲”的家族精神。

毋庸讳言，在市井之下，做家族事务的人，确实是极其难能可贵的。族务的丰满却要时常面对亲情的骨感。所以，做家族事务，首先要调理好自己的心态。心态决定行动，心态决定格局。好的心态，既能成事，更能快乐自己。

（贵阳郭氏宗亲会供稿）

给父亲的一封信

敬爱的爸爸：

您老好！

今天是2015年农历正月初五，这个日子应该是我最难忘的一天。在这里我们首先要感谢琼刚老人、正光三哥及众宗亲搭建了这个平台，让我们找到了我们根——云宗公坟墓。原来我心里的想法好像是传说似的，没有一点真实感，觉得云宗公离我们太远了，有没有这个人还不知道。

可是今天我见到了他老人家，当时我感到万分的激动。到了墓地，我就去给他老人家磕头，当时我的眼泪差点从眼眶掉了出来，我是用力忍住的，我见到了我的祖宗，见到了这么多的亲人，叫我怎么不激动呢！

爸，要是您老人家还在那多好呀！您一定非来不可，这种场景，您应该比我更激动。因为寻宗亲，找祖宗是您老人家一生中的愿望和期盼。

爸，您的意愿实现了，我们已经寻到了我们宗族，找到了我们的祖宗。今天我们来了十二人，替您完成了遗愿，您在天堂应该看见了吧！

爸，您生前整理的谱书我们带到贵州，也得到了族人郭正光三哥的好评。这是您的骄傲，也是我们的骄傲，您老放心吧！我们下一代不会给您们前辈人丢脸的，我们一定有能力把我们族中的事务处理好，要给您们前辈脸上贴金，为我们郭氏家族增光！

祝老爸您天堂快乐！

儿：郭兆宏

（云南镇雄郭氏宗亲会供稿）

清明祭祖

2019 年 3 月初，贵阳郭氏宗亲会发出清明文明祭祖倡议书，各宗亲积极响应，踊跃报名。2019 年 4 月 13 日，近

200 名贵阳郭氏宗亲及家属到贵阳清镇柿花园云宗公祖墓地举行拜扫活动，并提出树立良好的家德家风，以德做人，立德兴家！

资料统计，贵州云宗公后人几十万余口，4 月 13 日参加祭祖活动的郭氏宗亲及家属二百余人，均来自贵州各地。彰显了郭氏后人团结向上，生生不息，繁荣昌盛的景象。阳春三月暖，大地复清明，万物唱心曲，杨柳枝吐青；在风和日丽的吉祥时刻，贵州郭氏父老乡亲，兄弟姐妹们，怀着对郭氏家族先祖无限敬仰，无比崇拜的心情，不远百里携家带眷，为祭奠先祖焚香烧纸祭扫祖坟；共祭列祖列宗，祈愿后辈子孙将继承始祖美德，弘扬化育后嗣福泽苍生。愿祖上含笑九泉，佑全族显贵荣昌。

宗亲会组织这次祭祖活动，使后裔提高了“两个认识”，达成了“三个共识”。

“两个认识”就是：

一、祭祖就是积德。或许大家不知道，为什么在自己的人生旅途中会有那么多人帮助自己？为什么我们总会遇到贵人相助？为什么我们会逢凶化吉？为什么我们事业成功，家庭幸福？为什么我们会来到祖坟宣读祭文学习做人的道理？为什么中华民族绵延五千年，屹立不败？原因只有一个：那就是祖宗给我们积了德，父母辛劳一生为我们培了福，从而得到古圣先贤的庇荫。饮水思源，知恩报恩，推功于人，揽过于已，是人生最高的智慧，最厚的品德，最大福报的渊源。这也是人间正路孝道的起源，天经地义，祭祖的意义就在于此。

二、祭祖就是崇尚孝道。祭祀提醒自己的孝思，不忘祖先就是不忘本。通过祭祀我们会念念追忆祖德、父母的养育之恩，让我们一生能在圣贤的引领、教诲中坚持不懈地圆满孝道。同时又给我们的孩子积德、培福，这就是慎终追远，民德归厚。孝是人间第一步，孝是人生第一福，顺是人生第一德。中华民族几千年来始终维持着大统一就是孝顺在维持。中国文字是智慧的符号，这个“孝”字，上面一个老字头，下面一个子字底，它代表着老一代和子一代合二为一，这叫孝。父母上面有父母，代代往上追溯，过去无始，儿女底下又有儿女，一直往下推演，未来无终。无始无终都是一体，这个叫作孝，所以中国人讲求祭祀，为什么？祖先跟我们是一体，即使是几千年的祖先，我们现在去祭祀他们，依然是一体的。这是中华民族生生不息的一个源泉和动力。

“三个共识”就是：

一、通过祭祖活动树立起“祭祖积德，人人有责”的观念。中华民族崇尚孝道，饮水思源，因孝敬而祭祖。祭祖就是为了对祖宗先辈表示孝敬之意和表达怀念之情，祈求祖先神灵保佑子孙后代，为子孙后代解决难处，使子孙后代兴旺发达。从这个意义上讲，活在当下的人，无论是大辈年长者，还是晚辈年轻人，都要确立祭祖人人有责的观念，都应该积极主动。

二、通过祭祖活动促进郭氏后人大团结，倡导文明祭祖。树有根，水有源，人有族。我们都是郭氏后人，追根溯源，我们共有一个祖先，流着共同的血，我们是一个大家庭，所以我们才走在一起祭祖，这是团结的景象。祭祖现场我们均遵守当地人的风俗习惯，不触碰当地人的庄稼及蔬菜，不乱扔垃圾，实现了文明祭祖。我们在现场也看到，我们的始祖墓地因历史原因有人对碑文质疑，破坏了部分墓碑，祭祖活动后我们会关注此不文明事件，让我们祖先的安息之地环境好一点，让我们的郭氏后人更有尊严。

三、通过祭祖活动搭建起贵阳郭氏后人沟通联络平台。郭姓从古至今，一脉相承，亘古不变，郭姓人无论到天涯海角，都由祖根所系。一样的血，在每个宗亲成员的血管里潺潺流淌；同样的脉，在每个宗亲成员的心脏里欢跃跳荡。郭氏家人血浓于水，我们是同呼吸、共命脉的同族宗亲！我们永远是相亲相爱的一家人！通过本次祭祖活动搭建一个郭氏后人沟通的平台，通过本次祭祖活动加深了我们的情感，加强联系和往来，团结奋进更齐心！在“天下郭姓一家亲”的旗帜下，以和宗睦族、共谋发展为宗旨，发扬“我爱家族，家族爱我”的郭氏精神。希望参加祭祖的和远在他乡的郭姓家人，要常沟通，勤来往，有喜同贺，有难同帮，团结一致，共同营造一个朝气蓬勃、团结向上、凝聚力极强的郭氏宗族！

在今后的祭祖活动中，我们要继续深入挖掘郭氏文化的内涵，注重打造郭氏文化的特色及亮点，使之形成巨大的吸引力、感召力、影响力。我们会精心策划，严密组织，充分调动郭氏宗亲的积极性和参与度，使我们的祭祖活动更加完善更加完美。

（贵阳郭氏宗亲会供稿）

陈 维 墓

黔西郭氏在清朝年间，已是方圆百里的名门望族。乾隆初年，沙窝坝郭卜之孙郭弘之子就中过进士。从郭卜墓碑上的“皇清待诰，皇清待赠”八个大字和“先世朝大宗，玉泰永丰隆；邦立常维本，德光善其中”二十个字派，足以看出黔西郭氏家族当时的显赫地位。遗憾的是，公元1943年的一场大火，将《谱牒》化为灰烬，从而导致近半个世纪以来，黔西郭卜后裔奔波于“我是谁?”“我从哪里来?”的追根溯源中。

（陈维墓）

家谱、族谱，是一个家族的生

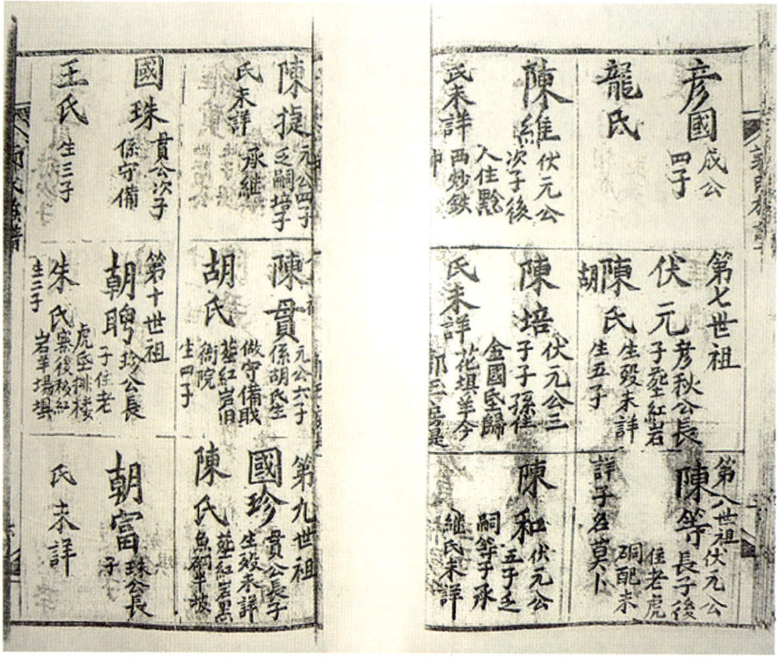

命史。它不仅记录着该家族的来源、迁徙的轨迹，还包罗了该家族生息、繁衍、婚姻、文化、族规、家约等历史文化的全过程。

在很久很久以前，黔西县城南砂泥洞湾角龙潭就有一家古坟，每年清明时节都有郭氏后人陆续前往上坟。但是，没人知道墓主具体是谁。大家都只听先人们讲，这座坟是黔西郭氏最早的祖坟，里面葬着两公妣。直到二十一世纪，黔西郭卜后裔重修谱牒，才确认了墓主的真实身份——陈维。

2012 年郭卜后裔以郭丰云、郭邦亮、郭隆生、郭守贤等族贤为首的修谱工作小组，根据代代口传“堰石灰和湾角龙潭有我们的老祖坟，大田坝祭祀田的部分泥巴还是从湾角龙潭背来的”线索，多次走访族人居住过的村寨，到大方、织金、纳雍、清镇郭氏族人聚居地调查考证，查阅大量的家族史料。终于在纳雍郭朝

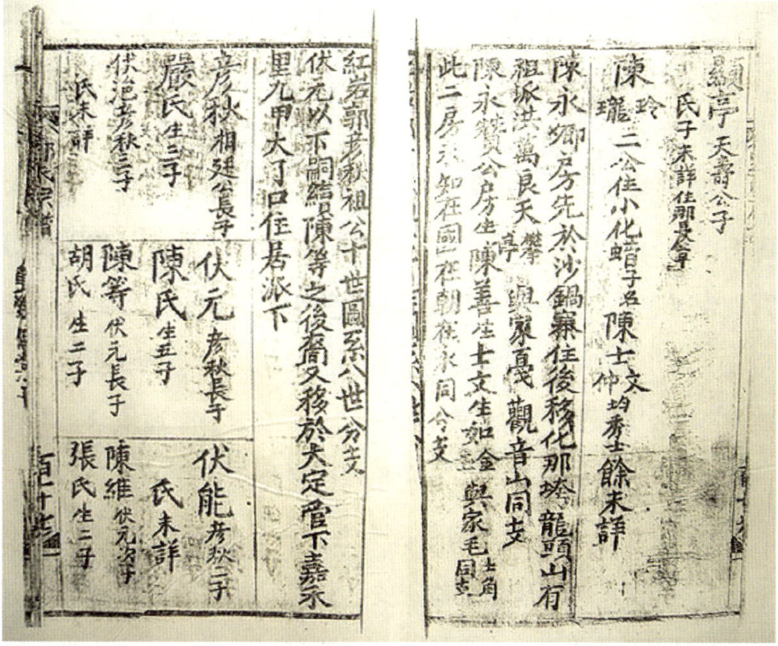

額亭 天壽公子
氏子未詳住那吳今亭
陳玲 陳瓏 二公住小化蛼子名 陳士文 仲均秀士 餘未詳
陳永卿房先於沙鍋纂住後移化那埳龍頭山有
祖塚洪萬良天攀亭 與家莨𦮳觀音山同支
陳永贊公房生陳善生士文生如金 與家毛同支 上角
此二房不知在國在朝在永同今支

紅岩郭彥秋祖公十世圖系八世分支
伏元以下嗣結陳等之後裔又移於大定舍下嘉永
里九甲大丁口住居派下

彥秋 相廷公長子
嚴氏 生三子
伏𣳔 彥秋三子
氏未詳

伏元 彥秋長子
陳氏 生五子
陳等 伏元長子
胡氏 生二子

伏能 彥秋二子
氏未詳
陳維 伏元次子
張氏 生二子

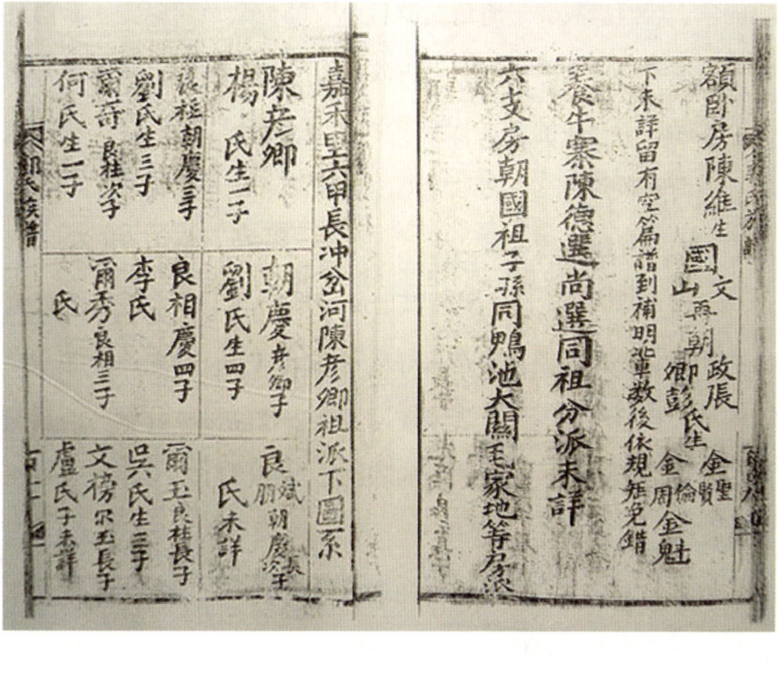

額卧房陳維生 國文 國山 再朝 政張 卿彭氏生 金璽 金贊 金倫 金周 金魁
下未詳留有空篇譜到補明串數後依規矩免錯
養牛寨陳德選尚選同祖分派未詳
六支房朝國祖子孫同鴨池大關毛家地等房派

嘉禾里六甲長冲岔河陳彥卿祖派下圖系

陳彥卿
楊氏 生一子
良桂 朝慶三子
劉氏 生三子
爾奇 良桂次子
何氏 生一子

朝慶 彥卿子
劉氏 生四子
良相 慶四子
李氏
爾秀 良相三子
氏

良斌 朝慶長子
氏未詳
爾玉 良桂長子
吳氏 生三子
文榜 爾玉長子
盧氏 子未詳

臣主修的《郭东氏族谱》（老三本）上查到："陈维，伏元公次子，后入住黔西炒铁冲"；"陈维，伏元次子，张氏生二子"；"陈维生国文国山"等记载。

"黔西炒铁冲"在哪里？通过大方羊场坝郭氏族谱《木本水源》的"百子千孙"中"陈维，配未详，伏元公次子，后入住黔西砂族硐"这一记载，修谱工作小组终于把"炒铁冲"的位置锁定在"湾角龙潭的砂泥洞"。修谱工作小组认为，"炒铁冲""砂族硐"和"砂泥洞"本来就有语音关系，在过去交通信息不发达的条件下，传、听、写当中难免出现误差。

工作小组结合织金大河边和大方背座 2000 年所修的《郭氏族谱》"本谱只着笔落入丫祭三支，随同兄弟叔伯移至黔西州南门外，地名湾角龙潭，居住多年，生我烈祖，太祖，与其族人同耕同乐，后因病故葬于湾角龙潭后山"的记载最后确定：黔西县城南砂泥洞湾角龙潭这所郭家古坟的墓主，就是郭云宗的第六世孙、伏元之子——陈维，入住黔西砂泥洞湾角龙潭后，开枝散叶，后裔遍布各地，有黔西金碧、叶噜坝、五里、锦星、织金大河边、大方背座郭家寨等。

2013 年 5 月 19 日，因县城南移，国家开发征地，陈维公墓地被征用。在郭隆仕、郭隆森等族贤的组织下，各地后裔参与了对陈维公墓的迁葬。这次迁葬在原墓穴内找到陈维公妣的两具遗骸，更进一步证实了代代相传的陈维公与张氏祖母"合葬"的真实性。

但是，由于国家征地给出的迁葬时间非常仓促，当年修建墓地和堡坎只能以毛石堆砌而成，历经多年风雨侵蚀，2018 年清明前墓地的前堡坎出现了部分坍塌。在后裔郭丰云、郭晓勇、郭龙齐、郭隆生、郭邦亮、郭丰祥、郭建科、郭隆枢、郭鑫、郭亚等热心族人的倡议下，族人们组建了陈维墓修缮工作小组，经过大家广泛宣传和动员，各地后裔积极响应，筹集资金 7 万多元，于 2019 年 2 月开始动工修建了墓园前后堡坎、青石墓坟、硬化场地和立忠孝碑等，历时近一个月。于 3 月 24 日修缮工程全部竣工，各地陈维后裔和郭氏宗亲相邀前来，共聚坟山上杀猪宰羊举行祭祀庆典。

家谱是一个家族的血脉载体，祖坟是一个家族的实物载体。这次陈维公墓从发现、迁葬和修缮，每一次活动都牵动着黔西各支系郭氏家族后裔们的心，从十多岁的少年到八十多岁高龄的长者，都积极参与其中，有钱的出钱，有力的出力，纷纷用自己的

（陈维墓修缮竣工庆典现场）

实际行动体现了黔西郭氏敬宗睦族，有喜同贺的精神；也充分展示了黔西郭氏家族团结一心的力量；更体现了郭氏家族忠孝为先、耕读为本、敬业为忠、诚信为德、团结为重、勤俭为荣的传统家风。

（黔西县郭氏宗亲会供稿）

第五节　郭云宗文化研讨课题

国家档案书局、教育部和文化部，在关于协助编好《中国家谱综合目录》的通知中明确指出："家谱是记载同宗共祖的血缘集团世系人物和事迹等方面情况的历史图籍，它与地方志、正史构成了中华民族历史大厦的三大支柱，是我国珍贵文化遗产的一部分。家谱蕴藏着大量有关人口学、社会学、经济学、历史学、民族学、教育学、人物传记及地方史的资料，对开展学术研究有重要价值，同时对海内外华人寻根认祖，增强民族凝聚力也有着重要的意义。"

郭云宗明朝洪武二十三年落业贵州城，六百多年来后裔曾经先后于清朝康熙年间、清朝嘉庆年间、民国五年、20 世纪 60 年代和 1999—2000 年五次对家谱文化进行过传承。但是，由于受郭云宗入黔时代背景的制约，清理编辑家谱的历史间隔时间跨度太长。一修家谱的时间是在郭云宗入黔二百年之后，二修家谱与一修家谱的间隔时间一百多年，三修家谱与二修家谱的间隔时间也在一百年。特别是一修谱，由于时间跨度太长，又是手抄本、内容记载不翔实、文字表述不规范等因素，给后人留下了一些难解之谜，从而对家谱的解读发生歧义。比如：

众所周知，在元末明初安徽临淮流域上有两个郭子兴：一位是红巾军起义的将军、安徽定远人、朱元璋的岳父、滁阳王郭子兴（1302—1355）；另一位是从军的红巾军士兵、安徽凤阳人、朱元璋的舅子、巩昌侯郭子兴（1330—1384）。由于家谱中只有“祖号郭子兴”记载，而对“郭子兴”是何许人没有更多的表述。如果我们的族人在传承家谱文化时不加分析思考，那么就会混淆两个郭子兴，把巩昌侯郭子兴误认成滁阳王郭子兴。

一、郭云宗父亲名讳考

清朝康熙年间陈志高在清镇三寨猫场修谱时，谱书中对郭云宗父亲的名讳记载是“祖号郭子兴”“讳敬桥”“敬祖”。一百多年过后，到清朝嘉庆年间郭朝臣在纳雍修谱时，谱书中对郭云宗父亲名讳的记载只有“敬祖”二字，从而在族人中引发“郭子兴”与“郭敬”是否是同一人的争议。

二、郭云宗祖籍考

陈志高家谱、郭朝臣家谱、郭琼培家谱以及郭伯安家谱，对郭云宗祖籍记载都是“江西吉安府庐陵县龙井口郭家村”。2000年纳雍郭中正、郭桂森等组织编修《郭氏宗谱》，郭中正和郭正光亲赴江西和安徽实际考证，最后把郭云宗的祖源地更正为“安徽濠州凤阳”。从而引发郭云宗的祖籍是“江西籍”还是“安徽籍”的争议。

三、郭云宗弟兄考

家谱中记载，郭云宗有兄弟四人即郭云宗、郭继宗、郭顺宗、郭元宗。“继宗到云南金仓道任职”；“元宗年幼回江西守祖”。

所谓“四老表”入黔：郭家郭云宗、李家李代龙、张家张正雄、王家王国统。四家人的老谱书在祖源地、入黔人数、职位等方面的记载，出现了惊人的类同：大家都来自“江西吉安府庐陵县”；都是四弟兄入黔；都有一人到云南金仓道任职；都有一人返回江西老家守祖。

如果谱书记载内容真实可信，那么六百多年过去了，继宗、顺宗、元宗的后裔在何方?

四、“郭陈二姓一家”考

清康熙年间陈志高主修的家谱记载，因陈板龙、张太龙和李代龙与表兄郭相廷商议到布政司讨“铜板铁策”；“因陈与成同音，开一甲成二甲陈，因姓改姓，后人改作成陈字，是以秘切切也”……“其姓亦祖母之姓也”。

清朝嘉庆年间郭朝臣主修的家谱记载，“继宗在云南遭案”，“继宗附信”，“云宗逐改姓陈为姓”，“其姓亦祖母之姓也”。用刻板技术造了一个“郭东”字，放在谱书的封面上——《郭东氏族谱》。在纳雍郭云宗后裔中，广为流传“郭陈二姓是一家，儿女不能打亲家”。

郭云宗及后裔改没改过姓？为什么改？何时改？这些问题都需要后裔进一步考证。

五、郭云宗世系考

由于历史原因，郭云宗家谱从陈志高到郭伯安，所修的家谱记载了“汾阳族谱”，说明贵州郭云宗一脉来自“汾阳王”郭子仪。但是，从郭云宗到汾阳王郭子仪之间的世系脉络缺失，无记载。

2000 年的《郭氏宗谱》，第一次把郭云宗同汾阳王郭子仪之间的世系对接。因历史时间跨较度长，资料收集比较困难等主客观因素制约，《郭氏宗谱》从郭云宗到汾阳王郭子仪之间的世系有部分错乱，从而引发一些争议。

家谱是我国宝贵文化遗产的重要组成部分，搜集家谱、族谱加以研究，可以知道人类社会发展的规律。族谱文化是中华民族的传统文化，收集、研究族谱，有助于中华民族的团结和中华文化的传播。研究家谱可增强民族凝聚力。任何一部家谱，由于受主客观因素的制约，难免存在不足甚至错误，具有一定的历史局限性。因此，对待家谱，我们要用历史唯物主义观点进行“分析、鉴别和批判”，“取其精华，去其糟粕”，“去粗取精，去伪存真”。

附：

一、《郭云宗族谱》选拍

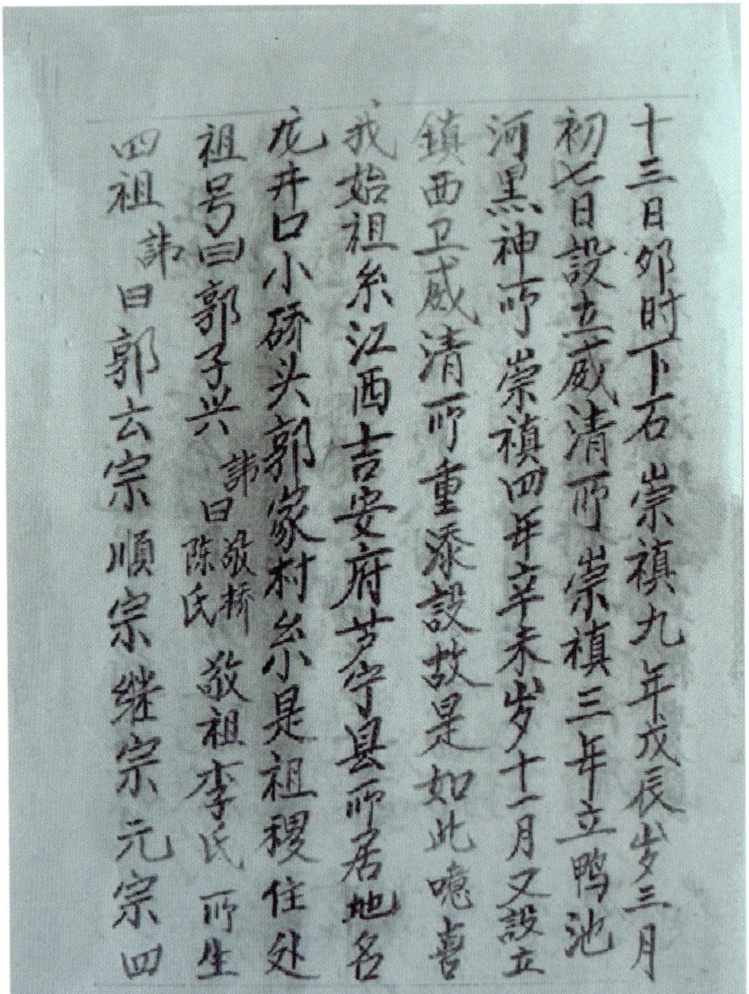

十三日卯时下石 崇禎九年戊辰岁三月
初七日設立威清所 崇禎三年立鸭池
河黑神所 崇禎四年辛未岁十一月又設立
鎮西卫威清所重添設故是如此噫喜
我始祖系江西吉安府节宁县所居地名
龙井口小磅头郭家村系是祖稷住处
祖号曰郭子兴 諱曰 敬桥 陈氏 敬祖李氏 所生
四祖 諱曰郭云宗 顺宗 继宗 元宗 四

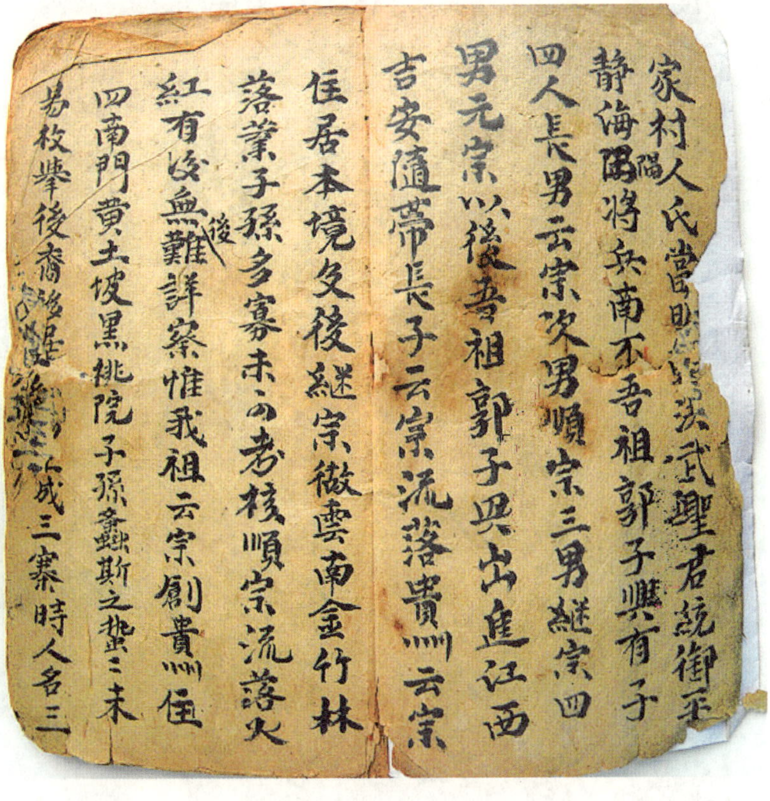
家村人氏當[illegible]洪武聖君統御天
靜海隅將兵南不吾祖郭子興有子
四人長男云宗次男順宗三男繼宗四
男元宗以後吾祖郭子興出廷江西
吉安隨帶長子云宗流落貴州云宗
住居本境多後繼宗徽雲南金竹林
落葉子孫多寡未來孝核順宗流落火
紅有後無難詳察惟我祖云宗創貴州住
四南門黃土坡黑桃院子孫螽斯之蟄蟄未
易枚舉後裔[illegible]成三寨時人名三

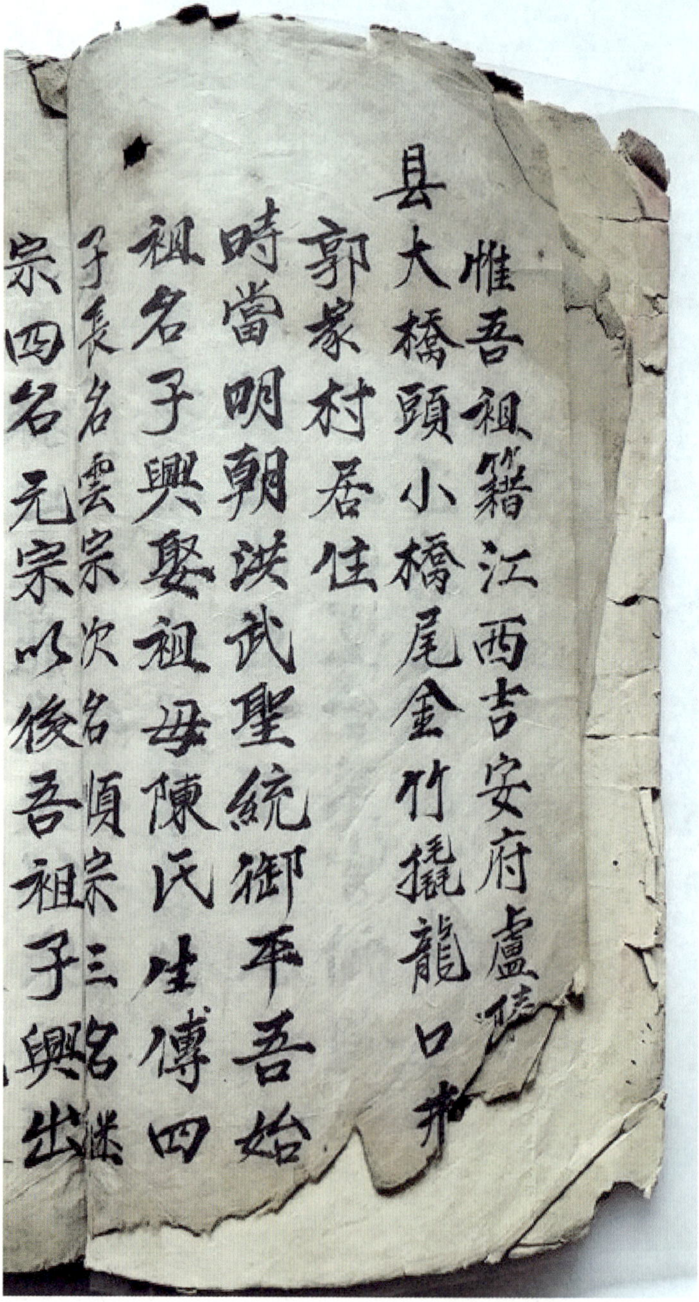

惟吾祖籍江西吉安府盧陵
县大橋頭小橋尾金竹撬龍口井
郭家村居住
時當明朝洪武聖統御平吾始
祖名子興娶祖母陳氏生傳四
子長名雲宗次名順宗三名迷
宗四名元宗以後吾祖子興出

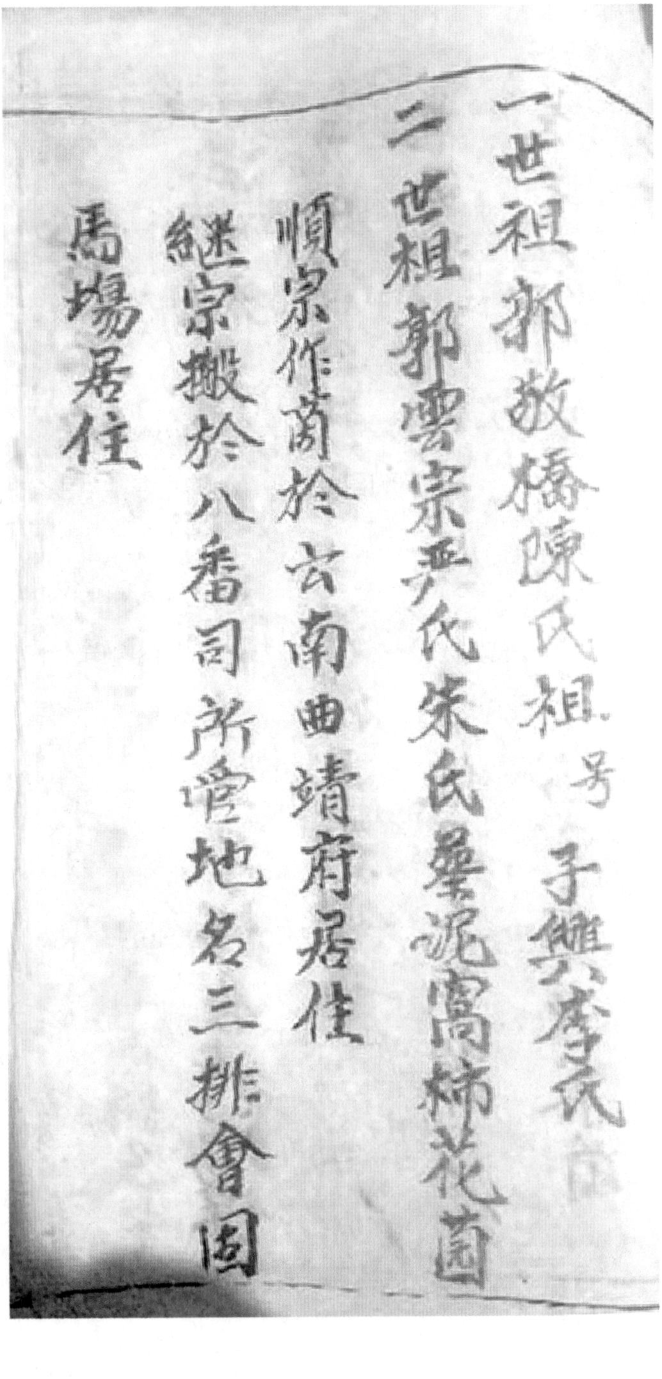
一世祖郭敬橋陳氏祖号 子樊李氏
二世祖郭雲宗严氏朱氏墨泥窩柿花園
順宗作商於云南曲靖府居住
継宗搬於八番司所管地名三排會園
馬場居住

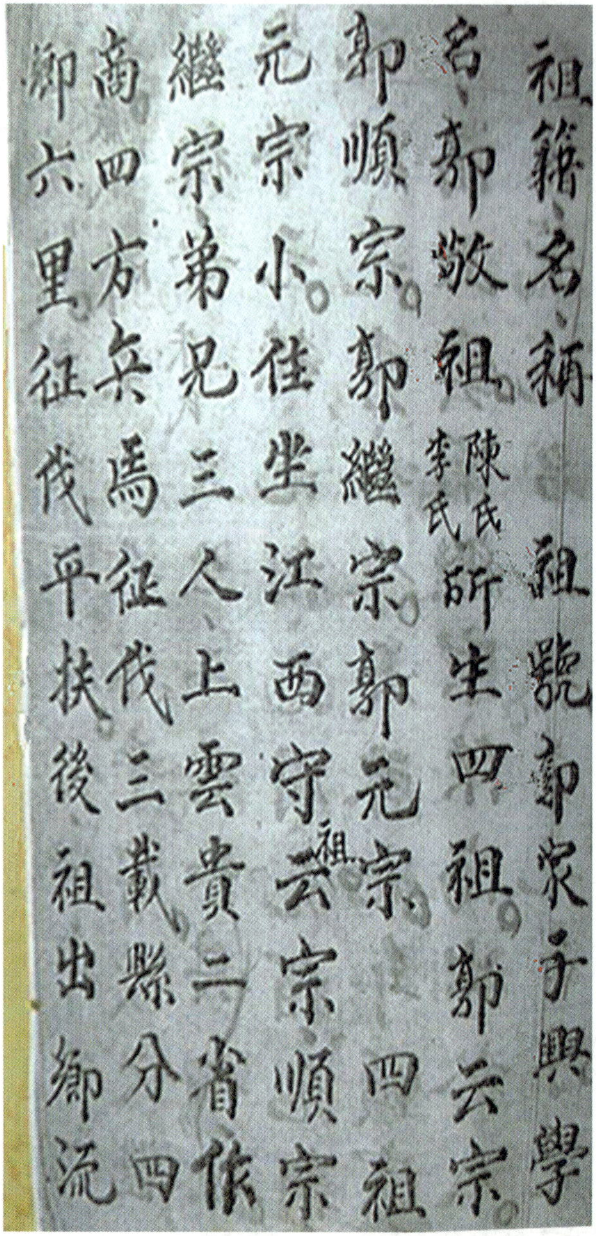
祖籍名稱　祖號鄭家予興學
名鄭敬祖陳氏李氏所生四祖鄭云宗
鄭順宗鄭繼宗鄭元宗　四祖
元宗小住坐江西守祖云宗順宗
繼宗弟兄三人上雲貴二省依
商四方兵馬征伐三載縣分四
鄉六里征伐平扶後祖出鄉流

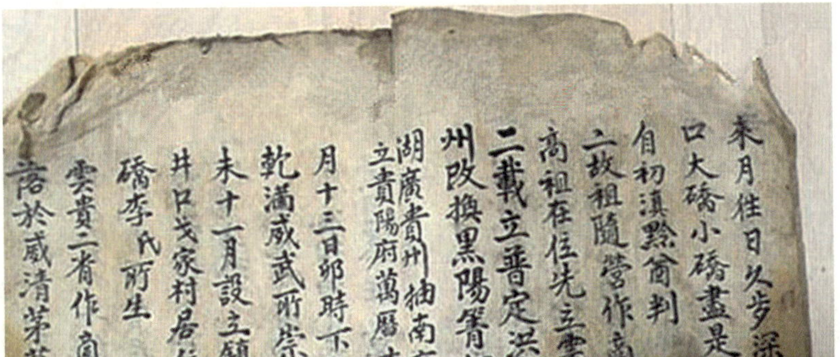
来月往日久步深故恐□□情特叙　臨流□
口大磽小磽畫是據處地名戈家村於是快樂福鄉
自初滇黔僉判　洪武主調北征南三丁抽一五丁抽
二故祖隨營作商流落　子孫住扎又討漢
高祖在任先立雲南　後立北京洪武□□
二載立普定洪武叁年重添雲南巡撫四年立□
州改換黑陽箐七年調北爭南抽江西人丁填实
湖廣貴州抽南京人丁填实雲南普定萬曆九年
立貴陽府萬曆十四年修造顧家池漸設立新貴縣六
月十三日卯時不石崇十五年戊辰歲三月初七日設立
乾滿威武所崇禎三年修鴨池黑神所崇禎四年辛
未十一月設立鎮西衛此條江西吉安府鹿麟縣地名龍
井口戈家村居住祖籍名称祖號子淵學諱敬樑陳氏敬
磽李氏所生　元宗元宗年幼江西守祖□□三人上
雲貴二者作商四方兵馬征伐三載後平服祖出鄉流
落於威清茅草坪住扎數年鼻祖嚴氏所生五人由

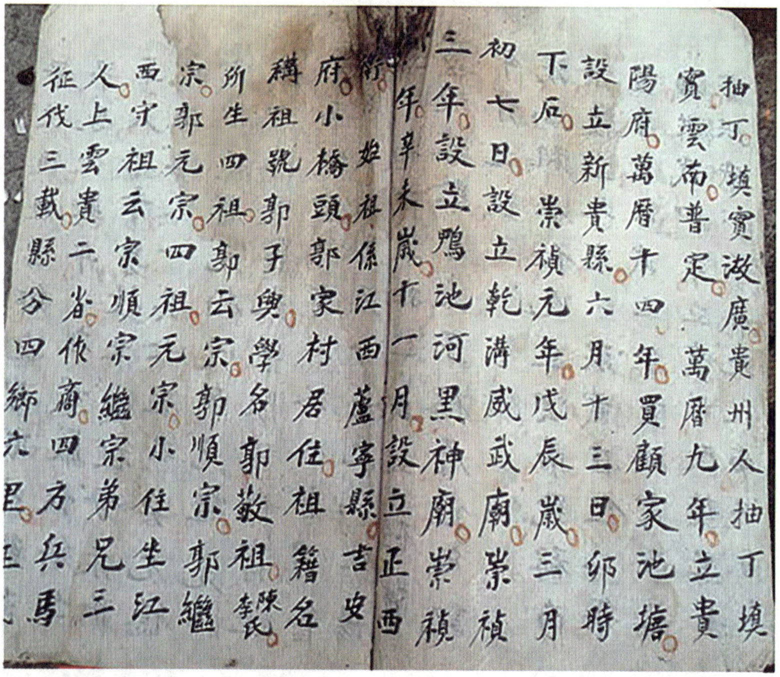
抽丁填實滋廣貴州人抽丁填
實雲南普定．萬曆九年立貴
陽府萬曆十四年買顧家池塘
設立新貴縣六月十三日卯時
下石崇禎元年戊辰歲三月
初七日設立乾溝威武廟崇禎
三年設立鴨池河黑神廟崇禎
年辛未歲十一月設立正西
衍 始祖係江西盧寧縣吉安
府小橋頭郭家村居住祖籍名
耩祖號郭子興學名郭敬祖陳氏李氏
所生四祖郭云宗郭順宗郭繼
宗郭元宗四祖元宗小住生江
西守祖云宗順宗繼宗弟兄三
人上雲貴二省作商四方兵馬
征伐三載縣分四鄉六里

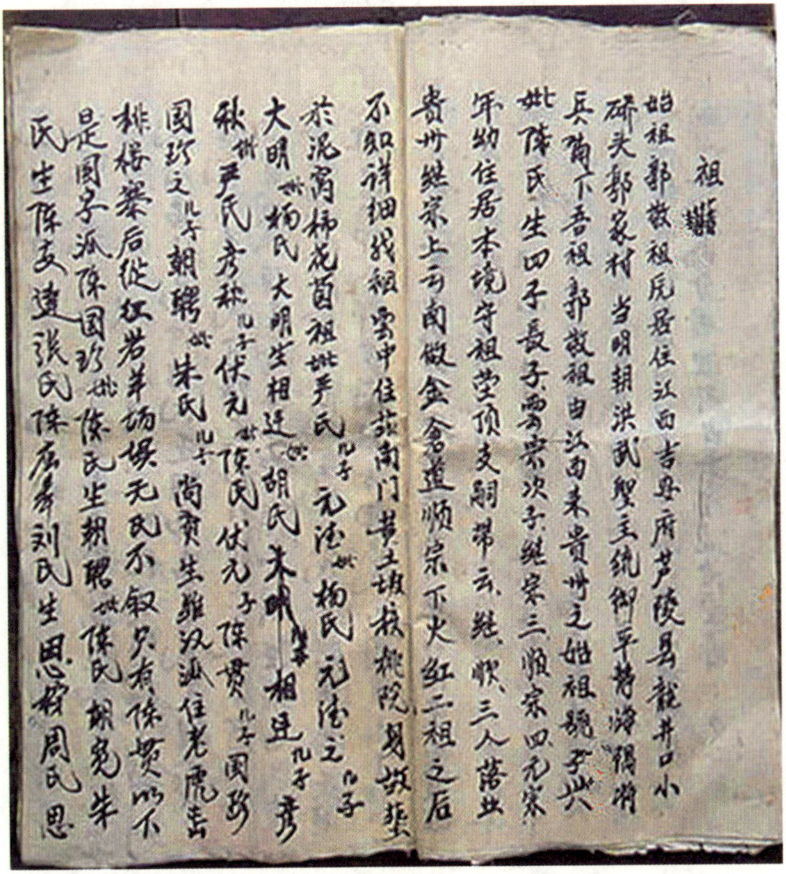
祖谱

始祖郭敬祖原居住江西吉安府芦陵县龙井口小
碑头郭家村 当明朝洪武圣主统御平黔调将
兵随下吾祖郭敬祖由江西来贵州之始祖號字兴六
妣陈氏生四子长子雷宗次子继宗三顺宗四元宗
年幼住居本境守祖茔领支嗣带云、继、秋、三人落业
贵州继宗上司南做金仓道顺宗下火红二祖之后
不知详细我祖 云中住苏南门黄土坡杉桃院 身故葬
于泥窝柿花箐祖妣尹氏 儿子 元德 妣 杨氏 元德之 儿子
大明 妣 杨氏 大明生相廷 妣 胡氏 朱氏 妣 相旦 儿子 彦
秋 妣 尹氏 彦秋 儿子 伏元 妣 陈氏 伏元 子 陈贵 儿子 国珍
国珍之 儿子 朝聘 妣 朱氏 儿子 尚贵生离汉派住老虎舌
排榜寨后从红岩羊场坝无氏不叙只有陈贵以不
是国子派陈国珍 妣 陈氏生朝聘 妣 陈氏 朝竞 朱
氏生陈友达 张氏 陈应彦 刘氏 生思韶 周氏 思

住人氏　啟祖郭子興妣陳氏所生四子長子雲宗次子順宗
三子繼宗四子元宗三人在雲南受祿元宗在屋放養双親其雲
宗轉陞貴州思州府訓道已後未回江南住貴州省威西門貿
易得娶祖妣嚴氏生五子因病告終後娶朱氏生二子二女長子郭
元德次子元相三子元周四子元栢五子元朝胡係是嚴氏所生六元經
七元秀乃是朱氏所生後天啟九年繼宗由雲南調陞貴州黎平縣府
知府其後將此印信失落逢遇奸臣且奏滅絕眾族斬殺閤家放
信於前順宗繼宗前知逃於何方我祖雲宗始行搬逃至威青

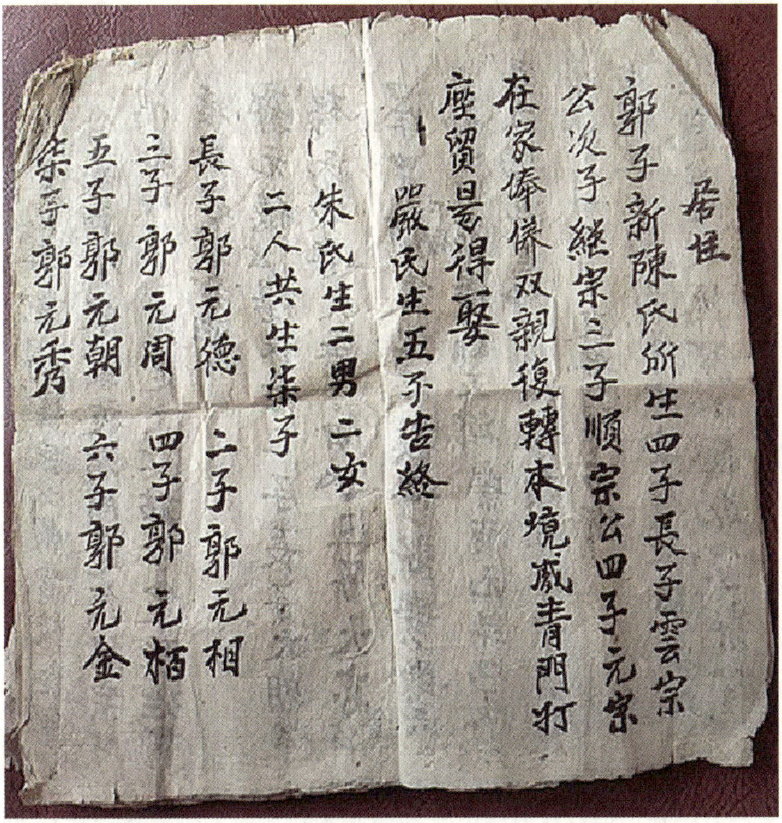
居住
郭子新陳氏所生四子長子雲宗
公次子継宗三子順宗公四子元宗
在家奉侍双親後轉本境處青門打
座貿易得娶
嚴氏生五不告終
朱氏生二男二女
二人共生柒子
長子郭元德　二子郭元相
三子郭元周　四子郭元栢
五子郭元朝　六子郭元金
柒子郭元秀

二、《明太祖实录》摘录

58 卷○丙申大封功臣……都督郭子兴不奉主将之命不守纪律虽有功劳未足掩过此四人止封为侯……佥大都督府事郭子兴授开国辅运推诚宣力武臣荣禄大夫柱国封巩昌侯食禄一千五百石……俱令子孙世袭惟华高嫡子许令承袭食禄米五分之四康铎嫡终如无后嗣庶长及之并赐诰命铁券仍赐文绮及帛……陈德郭子兴王志郑遇春各三十匹

168 卷○巩昌侯郭子兴卒子兴临濠人生有膂力善骑射岁癸巳从郭元帅起兵乙未从 上渡江丙申定金陵授管军总官丁酉升统军元帅攻常州身冒矢石凡七阅而克又克宣州取江阴宜兴己亥克安庆衢州壬寅破南昌癸卯从 上破陈友谅战于鄱阳湖功居多甲辰从 上征武昌多所俘获擢鹰扬卫指挥使克庐州拔安丰乙巳平襄阳下衡州取澧州辰州丙午取高邮淮安克湖州进攻姑苏吴元年平姑苏子兴每褁创力战功绩尤著升镇国上将军大都督府佥事洪武元年守潼关二年移镇巩昌招抚逋逃严辑部伍西戎帖然三年克定西及大封功臣赐号开国辅运推诚宣力武臣阶荣禄大夫勋柱国爵巩昌侯四年伐蜀五年征甘肃六年征察罕脑儿八年征氈帽山皆与有功军还居京师至是以疾卒年五十四诏追封狭国公谥宣武

197 卷○命故六安侯王志子威巩昌侯郭子兴子振各袭父爵诰命威曰朕观自古虎臣奋威勇取功名善其始终者鲜矣而功业及于后人悠久弗替者为尤鲜尔王威父志早负勇果之资从朕渡江东征西讨

屡著勋绩及天下大定行赏论功位膺侯爵既复以寿终于家岂不为善始善终者乎然勋既著于当时福必延于后嗣今尔威服除命尔为六安侯以袭父爵尔其诚以立心忠以为国则神人鉴悦父业益彰而禄位悠久矣敬哉勿怠诰命振曰昔武王定天下也将有超群帅者分茅以侯子孙相继与国终始朕每观载籍未尝不欣慕焉尔郭振父子兴自幼骁勇从朕渡江当开创之时宣忠效力为国勋臣朕遵先圣之典虽无分茅列土之任锡以侯封食以重禄子孙相继丹书铁券明有誓言前岁以疾终于家尔振今既服除特命袭封巩昌侯以承父业呜呼眠霜卧雪拓土开疆尔父之功非一日所积尔其思前人之艰益懋厥功以保禄位与国同久岂不美哉敬之勿怠

三、巩昌侯郭子兴神道碑铭

●《明文衡》卷第七十四

○神道碑

敕赠开国辅运推诚宣力武臣荣禄大夫柱国同知大都督府事巩昌侯追封陕国公谥宣武郭公神道碑（刘三吾）

洪武二十年冬十有一月己亥皇上御奉天门工部侍郎臣秦逵奏故巩昌侯墓道之碑已具宜得文及时镵之有旨翰林学士院制文臣三吾职在词垣不敢以才学谫浅为辞谨按其世系功勋年爵次第而铭之臣闻天兴圣代大有为之君必笃生瑰伟英勇之将与之会遇以辅成其大业虽人也实天也当元季王政不纲在所裂裳为旗荷梃为兵草野自雄罔所适主时则今上皇帝龙兴凤阳天人合应有若中山开平两公杰出其间是固功无与俪矣其知所趋向先后疏附厥有功绩若巩昌侯臣郭子兴者亦岂偶然哉子兴世凤阳人拳勇有膂力善骑射自癸巳岁起兵首隶元帅郭某麾下即知所适主明年得滁州又明年得和州亦既从龙济江若采石若太平若溧阳溧水所向崩角义勇之声日以暴矣丙申三月随大军进拔台城先登授管军总管继升统军元帅攻围常州身犯矢石昼夜不解衣甲为生虮虱九阅月城始下被赏优渥载调克宣州江阴宜兴婺州安庆衢州势剧破竹壬寅分兵之江西南昌得其全城癸卯八月进克鄱阳彭蠡之战海艘骈进戒严所部人百其勇陈友谅计蹙中流矢死人知天命有归矣甲辰春侍上亲征湖广武昌洒血驰战多所斩获用屡功擢鹰扬卫指挥使简在上心俾从中山王拔庐州拔安丰率先

陷阵大败姑苏张士诚为之夺气其平襄阳下衡州定澧州辰州转而蹂高邮踣淮安截拔浉西湖州坐困姑苏往往裹疮力战中山王以公之勇功闻升镇国上将军大都督府佥都督吴二年正月改洪武元年上即位有事关陕命领其军进讨中原扼守潼关三年献一迹不敢南移戍巩昌招摩逋残严戢部曲西戎羌夷两境帖然进封巩昌侯方倚之永镇西陲而溘先朝露薨于家矣上为之震悼辍朝三日赙赠有加追封陕国公谥宣武以洪武十七年冬十有二月日葬聚宝山之原曾祖考某赠镇国上将军佥大都督府事护国追封光山县子妣某氏从封光山县子夫人祖考某赠骠骑将军都指挥使追封汾阳伯妣赵氏从封汾阳伯夫人考某赠荣禄大夫同知大都督府事柱国追封巩昌侯妣单氏从封巩昌侯夫人配汪氏封巩昌侯夫人皆由公贵貤恩子男四人长景仪卒于五阃次振次宗次官僧公生以某年某月某日薨以某年某月某日寿五十有四惟公自开国以来从龙上下尽瘁所事所至以英勇闻是故攻无不克战无不胜视转万里之远历岁之久若堂奥之朝夕焉虽锋矢交集饥渴不时咸不避恤必荡歼渠凶归报终事乃已其依日月之光仗雷霆之威以恢拓疆宇勒勋西垂者亦人杰也哉词臣扬厉为职是宜有铭词曰

圣皇受命龙兴凤阳戡定祸乱经略封疆笃生武臣先后相望维陕国公实生帝乡沉鸷其勇铁石其刚乘风云会依日月光旌麾所指敌摧锋芒底定东南载戢戎羌万里之远如在室堂生前封侯式是巩昌身后封公亦此西方聚宝之原不食之冈佳城郁郁公所固藏词臣载笔德音靡忘子孙善保奕世流芳

●《国朝献征录》卷之八

〇巩昌侯赠陕国公谥宣武郭子兴神道碑（刘三吾）

臣闻天与圣代大有□之君必笃生瑰伟英勇之将与之会遇以成其大业虽人也实天也当九季王政不纲在所裂裳□旗荷梃□兵草野自雄罔所适主时则今上皇帝龙兴凤阳夫人合应有若中山开平两公杰出其间是固功无与俪矣其知所趋向先后疏附厥有成绩若巩昌侯臣郭子兴者亦岂偶然哉子兴世凤阳人拳勇有膂力善骑射自癸巳岁起兵首隶元师郭某麾下即知所适主明年得滁州又明年得和州亦既从龙济江若采石若太平若溧阳溧水所向崩角义勇之声日以暴矣丙申三月随夫军进拔台城先登授管军总管继升统军元帅攻围常州身犯矢石昼夜不解衣甲□生虮虱□□九阅月城始下被赏优渥载调克宣州江阴宜兴婺州安庆衢州势剧破竹壬寅分兵之江西南昌得其全城癸卯八月进克鄱阳彭蠡之战海艘骈进戒严所部人百其勇陈友谅计蹙中流矢死人知天命有归矣甲辰春侍上亲征湖广武昌洒血驰战多所斩获因屡功擢鹰扬卫指挥使简在上心俾从中山王拔庐州拔安丰率先陷阵大败姑苏张士诚□之夺气其乎襄□下衡州定澧州辰州转而蹂高邮踣淮安截拔浙西湖州坐困姑苏往往裹疮力战中山王以公之勇功闻升镇国上将军大都督府佥都督吴二年正月败洪武元年今上即位有事关陕命领其军进讨中原隘守潼关三年一迹不敢南移戍巩昌招募适残严戢部曲西戎羌夷两境帖然进封巩昌侯方倚之永镇西陲而溘先朝露薨于家矣上□之震悼辍朝三日赙赠有加追封陕国公谥宣武以洪武十七年冬十有二月日葬聚宝山之原子四景仪振宗官僧弟英封武定侯女弟入宫进位宁妃兴有弟德成事上□骁骑舍人性明爽见几避祸以酒自放上一日召授某府都督恳辞不受上变色

曰朕念尔亲且旧兄弟皆登列侯而尔独未显故□尔职何辞□德成免冠泣拜曰臣性狂愚懒慢耽酒嗜卧不识事情缓急倘位高禄重必任职司事苟不理上杀我也人情不过多得钱饮美酒随意自适足了一生愿卒赐上大喜曰善人举能若此吾刑可措矣立书敕赐黄封百罂金彩称是宠待益厚德成尝侍宴后苑醉匍匐免冠谢发秃落且尽上笑曰醉风汉毛发如此非过酒耶德成仰首曰臣犹厌其多欲尽剃始快意上默然既醒大惧误触忌讳遂尽剃发披僧衣狂呼唱佛不已上笑谓宁妃口前谓汝兄戏言乃宝□之非风而何德成尝见其兄弟征镇四方逾年不得归辄笑其以虚名受辛若曾如我饮中乐耶已而党事起死者相属德成益狂荡不检以寿终

四、滁阳王郭子兴神道碑铭

〇赠滁阳王定远郭公庙碑（张来仪）

洪武十六年十一月七日皇上亲藁滁阳王事实召太常寺丞臣张来仪谕之曰王之恩德注在朕心今滁有庙祀而碑刻未具甚阙典也汝其据此文于石臣来仪谨拜奉命谨按王讳子兴姓郭氏其先曹州人王父少好术数常与异人游得其书年长未娶南游定远邑人神其术将有叩之必验邑中富翁家有处女以瞽未许嫁王父过其门翁以女命求卜数成曰此贵人也翁曰瞽未配王父曰翁能不鄙我乎则妻之翁曰诺既而娶不数岁夫妇家赡生子三女一王中子也始生父卜之喜谓人曰是儿得佳兆异日非常人必大吾家既长兄弟别籍三人皆善殖产元末民间有造言者王误中其说信之甚笃忽不事作业而妄散家财阴结宾客至正壬辰汝颖兵起王识天下当变乃召所结宾客子弟拔濠梁据之时皇上潜住居民间讹言所逼惧祸将及挺身入濠梁抵其城门者所报将欲加害人以□王王亲驶活之抚之麾下间召与语异之取亲兵居数月王谓曰汝单居当汝婚王暮归与夫人饮食语及斯事次夫人忽惋惜谓王曰方今兵乱正当收召豪杰是子举止异常若不抚于家而使他人之亲是失智矣王悟遂以女妻孝慈皇后是也王人勇悍善战时军帅四人名位皆在王上王素刚直不屈人下每遇事四人瞋目语难而王剖决通敏数以非语侵之众故含忿未几客军首帅彭赵以兵来驻濠二姓皆僭称王王等遂所制一日众挟赵势拘王于狱将害之皇上自军驰归或曰勿往曰再生父母有难可不赴乎遂入王家明日彭帅闻遣人释王以归

明年夏还故里收元卒七百献王王就令将之又明年夏染末疾未差王闻元义兵欲归将说之左右无可使特过寝门示意越趄因请扶疾往卒说降之得其精卒三千既而彭赵东屯泗州因挟王以往时皇上方驻滁阳知众不可共事独坚守以待复遣人赂彭赵左右赂行王得纵归滁阳王兵共四万其麾下仅万人皇上所部三万有奇明年乙未王命守和阳既而信流言亲至和阳视师值王雠人亦驻其中闻王至移军异处皇上礼送行者俄所难王闻惊得疾寻卒归葬滁州夫人张氏生三子长战死次降人所陷幼与群小阴谋伏罪次夫人张氏生女一妃生蜀土豫王如意王女二洪武元年天下既一剖符行封追思更生之恩寔帝业所始乃封滁阳王建庙□□命有司岁率滁人祭之臣来仪伏闻自古帝王□兴虽受命于天未始不因乎人盖必有所佑助维持之者亦得与以享其荣传之无穷而施之罔极惟□皇上奋布衣提一剑而起外无尺土一民之助而王能脱危难识潜微纳于贰室投以兵柄慨然不少吝惜遂肇大业可谓有知人之鉴矣及今大统既定四海一家推本寻源寔由于王爰建显号俾永永血食盏非王无以开万世之业非皇上无以永王之名臣谨即是铭铭曰皇受天命发迹濠梁方其始兴附于滁阳滁阳先知识圣于微圣有大难王脱其羁取被神龙翼之风云浴日咸池涤其垢氛龙腾日升伊谁之功有相自天寔启王衷皇奋无旅王命予之皇室未媲王命女之谋行谏从肝胆弗疑萋菲之言终莫我离秉金戊专征付以阃外颠强蹩骄有众日大变生于意卒疾子惊何启其绪弗享其成皇明日昌既臣万方剖符锡爵乃侯乃王爰念旧恩极天罔报一饭必酬矧有大造乃封大郡乃建庙庭乃复滁人护其园茔祠官孔严报祀春秋罍酒铏羔火黍稷羊牛王其来歆母曰无后王女皇妃三王挺秀王支百世上有庙祀棼棼者雄孰王之似小臣受诏作此铭□勒着贞珉以永无期

郭云宗坟墓修缮及文物申报工作小组成员

毕节七星关区工作组

郭琼刚　郭云翔　郭　沛　郭春雷　郭正辉　郭太勋
郭嘉雄　郭江红　郭　刚　郭晓锋　郭太贤　郭　鑫
郭　健　郭　鹏　郭　华（振）　郭　华（太）
郭正文　郭正军　郭太荣　郭　建　郭嘉伦　郭正元
郭正鼎　郭正松　郭　进　郭祈鹏　郭剑锋　郭柏林

六盘水市工作组

郭正苹　郭振操　郭家闻　郭顺华　郭　华（振）
郭嘉茂　郭绍学　郭加雄　郭　前　郭太祥　郭　正
郭正忠　郭桂林　郭桂全　郭　华（太）
郭　伟（太）　郭太文　郭正畢　郭　建　郭正宣

织金县工作组

郭　荣	郭正光	郭正祥	郭桂忠	郭　先	郭太举
郭慧林	郭珍勇	郭正旭	郭嘉明	郭正云	郭正富
郭嘉雄	郭　林	郭　松	郭正华	郭桂表	郭桂超
郭太军	陈桂云	郭嘉云	郭正平	郭登荣	郭正智
郭正兵	郭力铭	郭太全	郭正学	郭正鹏	郭嘉勋

纳雍县工作组

郭桂森	郭中正	郭树西	郭正权	郭太军	郭艺文
郭建伟	郭　雍	郭桂军	郭阳波	郭　旭	郭太文
郭　璞	郭　勇	郭　宇	郭翔义	郭正军	郭　靖
郭琼友	郭正启	郭加荣	郭　松	郭太礼	郭太华
郭　雷	郭　峰	郭加祥	郭正金	郭正科	郭　熙
郭太伍	郭太军	郭正品	郭　富	郭加付	郭　辽
郭老海	郭太祥	郭　武	郭太云	郭永刚	郭太武
郭正昌	郭靖云	郭佳星	郭正义	郭正权	郭　伦
郭桂祥	郭　涌	郭燕子	郭正才	郭桂忠	郭太武
郭勇青	郭　峰	郭　俊	郭孝忠	郭　峰	郭加华

黔西县工作组

郭丰云　郭晓勇　郭龙齐　郭隆璋　郭丰江　郭隆毅
郭隆生　郭隆贵　郭龙云　郭邦亮　郭邦杰　郭守贤
郭建科　郭隆仕　郭邦义

大方县工作组

郭光远　郭光林　郭焕春　郭德胜　郭光兴　郭正友
郭焕伦　郭　鹏　郭振环　郭　荣　郭光雯　郭福海
郭太银　郭　毅　郭太权　郭正兴　郭　毅　郭　江
郭正宝　郭建华　郭正厅　郭泰华　郭太林

贵阳、清镇片区工作组

郭　林　郭振林　郭艳林　郭江鸿　郭加军　郭太军
郭　勇　郭太超　郭振江　郭正军　郭正国　郭明富
郭贵权　郭长龙　郭建国　郭建军　郭尚鑫　郭德坤
郭德贵　何学原　何青龙

平坝、紫云片区工作组

郭太智　郭太文　郭太富　郭太安　郭太兵　郭德富

郭荣禄　郭培宜　郭振跃　郭家强　郭金华　郭汝全
郭秀龙　郭秀奇　郭东方

普定县工作组

郭　荣　郭桂梁　郭太滂　郭兴德　郭太乙　郭振能
郭振航　郭振彊　郭正友　郭振富　郭振安　郭嘉明

关岭县工作组

郭生宏　郭儒超　郭　建　郭良雄　郭荣勇　郭培金
郭生福　郭生学　郭生德　郭　恒　郭儒玉　郭昌胜
郭荣跃　郭儒才　郭应书　郭绍金　郭国超　郭国平
郭清贤

云南昆明、镇雄片区工作组

郭　江　郭　红　郭云鹏　郭加红　郭小勇　郭琼贵
郭加发　郭明清　陈　墨　陈　恒　郭兆宏　郭明松
郭兆金　郭明喜　郭志全　陈明银　陈明轩　陈明伟
郭兆军　郭志胜　郭祥开　郭明武　郭志平

附：

一、施工择日：郭嘉明（织金）　郭正贤（毕节）

郭中正（纳雍）　郭国发（大方）

郭守贤（黔西）　郭家闻（六盘水）

郭明荣（清镇）　郭太志（平坝）

郭太滂（普定）　郭明武（镇雄）

二、施工设计：郭家闻（六盘水）郭嘉茂（六盘水）

三、碑文书写：郭宏先（安徽）　郭亚先（安徽）

郭仰平（江苏）

四、匠人：杨　曦（清镇）

五、摄影：郭　华（六盘水）

六、画像：郭　建（纳雍）

七、书法：郭正毕（六盘水）

图书在版编目(CIP)数据

郭云宗传 / 曹伟著. — 北京 : 中国文史出版社,
2020.1

(跨度传记文库)

ISBN 978-7-5205-1311-1

Ⅰ. ①郭… Ⅱ. ①曹… Ⅲ. ①郭云宗-传记 Ⅳ.
①K827=48

中国版本图书馆 CIP 数据核字(2019)第 204528 号

责任编辑：薛媛媛

出版发行：**中国文史出版社**
社　　址：北京市海淀区西八里庄 69 号院　邮编：100142
电　　话：010-81136606　81136602　81136603（发行部）
传　　真：010-81136655
印　　装：北京新华印刷有限公司
经　　销：全国新华书店
开　　本：720×1020　1/16　插图：57 幅
印　　张：16.25　　字数：160 千字
版　　次：2020 年 1 月第 1 版
印　　次：2020 年 1 月第 1 次印刷
定　　价：63.00 元

文史版图书，版权所有，侵权必究。

文史版图书，印装错误可与发行部联系退换。